Kauderwelsch
Band 102

Äthiopische Kreuze sind oft rautenförmig

Impressum

Micha Wedekind
Amharisch – Wort für Wort
erschienen im
Reise Know-How Verlag Peter Rump GmbH
Osnabrücker Str. 79, D-33649 Bielefeld
info@reise-know-how.de

5. Auflage 2019

Bearbeitung Josef Overberg, Michael Blümke
Layout Svenja Lutterbeck
Layout-Konzept Günter Pawlak, FaktorZwo! Bielefeld
Umschlag Peter Rump
Kartographie Iain Macneish
Fotos Carola Wedekind; Seiten 8, 53, 62, 70, 136, 139, 144: Fotografen@Fotolia.com (Namensangabe am jeweiligen Foto)
Gesamtherstellung Himmer GmbH Druckerei & Verlag, Augsburg

Printed in Germany

ISBN 978-3-8317-6550-8

Wer im Buchhandel kein Glück hat, bekommt unsere Bücher auch direkt über unseren Internet-Shop:

www.reise-know-how.de

Die Internetseiten mit Aussprachebeispielen und der Zugriff auf diese über QR-Codes sind eine freiwillige, kostenlose Zusatzleistung des Verlages. Der Verlag behält sich vor, die Bereitstellung des Angebotes und die Möglichkeit der Nutzung zeitlich und inhaltlich zu beschränken. Der Verlag übernimmt keine Garantie für das Funktionieren der Seiten und keine Haftung für Schäden, die aus dem Gebrauch der Seiten resultieren. Es besteht ferner kein Anspruch auf eine unbefristete Bereitstellung der Seiten.

Der Verlag möchte die **Reihe Kauderwelsch** weiter ausbauen und **sucht Autoren!** Mehr Informationen finden Sie unter ***www.reise-know-how.de/verlag/mitarbeit***

Kauderwelsch

Micha Wedekind

Amharisch

Wort für Wort

Kauderwelsch heißt:

- Schnell mit dem **Sprechen** beginnen, auch wenn nicht immer alles korrekt ist.
- Von der **Grammatik** wird nur das Wichtigste in einfachen Worten erklärt.
- Alle Beispielsätze werden doppelt ins Deutsche übertragen: erst **Wort-für-Wort,** dann in normales Deutsch. Die Wort-für-Wort-Übersetzung hilft, die neue Sprache schneller zu durchschauen, außerdem lassen sich dadurch leichter einzelne Wörter im fremdsprachigen Satz austauschen.
- Es geht um die **Alltagssprache,** also das, was man tatsächlich auf der Straße hört.
- Die **Autoren** sind entweder Reisende, die die Sprache im Land selbst gelernt haben oder Muttersprachler.

Kauderwelsch-Sprachführer sind keine Lehrbücher, aber viel mehr als traditionelle Reisesprachführer. Wer ein wenig Zeit investiert, einige Vokabeln lernt und die Sprache im Land anwendet, wird **Türen öffnen,** ein Lächeln ins Gesicht zaubern und reichere Erfahrungen machen.

Talk to each other!

Kauderwelsch zum Anhören

Einzelne Sätze und Ausdrücke aus diesem Buch können Sie sich **kostenlos anhören.** Diese **Aussprachebeispiele** erreichen Sie über die im Buch abgedruckten QR-Codes oder diese Adresse: www.reise-know-how.de/kauderwelsch/102

Die Aussprachebeispiele im Buch sind Auszüge aus dem umfassenden Tonmaterial, das unter dem Titel **„Kauderwelsch Aussprachetrainer Amharisch für Äthiopien"** separat erhältlich ist – als Download über Onlinehörbuchshops (ISBN 978-3-95852-007-3) oder als CD im Buchhandel (ISBN 978-3-95852-257-2). Beide Versionen erhalten Sie auch über unsere Internetseite:

- **www.reise-know-how.de**

Alle Sätze, die Sie auf dem Aussprachetrainer hören können, sind in diesem Buch mit einem 👂 gekennzeichnet.

Inhalt

Anhang

Addis Abeba

Vorwort

Amharisch ist die offizielle Amtssprache Äthiopiens. Gegenüber anderen Ländern Afrikas, wo sich bis heute europäische Sprachen – Englisch, Französisch oder Portugiesisch – als Amtssprachen durchgesetzt haben, stellt Äthiopien neben Tansania in dieser Hinsicht eine Ausnahme dar. Gerade deshalb ist es sinnvoll, wenigstens ansatzweise die Sprache zu lernen, wenn man Äthiopien bereist.

Jahrzehntelang war Äthiopien aufgrund der politischen Situation, der Bürgerkriege und wegen der daraus resultierenden negativen Berichterstattung nicht gerade ein Land, das zu Besuchen einlud. Das hat sich grundlegend geändert. Immer mehr Menschen nutzen die Öffnung Äthiopiens, um Land und Leute dieser uralten christlichen Kultur kennen zu lernen. Das Land stellt sich auf seine Besucher ein, und wir als Touristen sollten uns unsererseits auf unsere Gastgeber einstellen.

Dazu gehören auch ein paar Brocken Amharisch, die einen ganz anderen Einstieg in diese uns fremde Kultur ermöglichen. Die Resonanz auf das Bemühen, eine Landessprache zu erlernen, ist Ihnen sicher schon bekannt. Nicht nur Ihnen, sondern auch Ihren Worten wird sofort Beachtung geschenkt, und man wird versuchen, Sie zu verstehen. Selbst die alltäglichen Erledigungen, ja sogar die unangenehmsten Behördengänge können zu positiven Erlebnissen werden, wenn Sie die Sprache des Landes nicht ignorieren. Nicht zuletzt werden Sie auch beim Handeln einen größeren Erfolg haben.

Wie in den meisten Großstädten kommt man zwar auch in den größeren Städten Äthiopiens mit Englisch ganz gut zurecht. Auf dem Land jedoch wird sich die Kommunikation oft auf das Amharische beschränken. Glücklich, wer dafür gerüstet ist!

Hinweise zur Benutzung

Der Kauderwelsch-Band „Amharisch" ist in drei Abschnitte gegliedert:

Die **Grammatik** beschränkt sich auf das Wesentliche und ist so einfach wie möglich gehalten. Deshalb sind auch nicht sämtliche Ausnahmen und Unregelmäßigkeiten der Sprache erklärt. Natürlich kann man die Grammatik auch überspringen und sofort mit dem Konversationsteil beginnen. Wenn dann Fragen auftauchen, hat man immer noch die Möglichkeit, in der Grammatik nachzusehen.

Im **Konversationsteil** finden Sie Sätze aus dem Alltagsgespräch, die Ihnen einen ersten Eindruck davon vermitteln sollen, wie die amharische Sprache „funktioniert", und die Sie auf das vorbereiten sollen, was Sie später in Äthiopien hören werden.

Mit Hilfe der **Wort-für-Wort-Übersetzung** können Sie bald eigene Sätze bilden. Sie können die Beispielsätze als Fundus von Satzschablonen und -mustern benutzen, die Sie selbst Ihren Bedürfnissen anpassen. Um Ihnen das zu erleichtern, ist ein erheblicher Teil der Beispielsätze nach allgemeinen Kriterien geordnet („Begrüßung", „Einkaufen", „Unterwegs" usw.). Mit ein bisschen Kreativität und Mut können Sie sich neue Sätze „zusammenbauen", auch wenn das Ergebnis nicht immer grammatikalisch perfekt ausfällt.

Die **Wörterlisten** am Ende des Buches helfen beim Erlernen der Sprache. Sie enthalten einen Grundwortschatz von je ca. 1000 Wörtern Deutsch – Amharisch und Amharisch – Deutsch, mit denen man schon eine ganze Menge anfangen kann.

Jede Sprache hat ein typisches Satzbaumuster. Um die sich vom Deutschen unterscheidende Wortfolge der amharischen Sätze zu verstehen, ist die Wort-für-Wort-Übersetzung in *kursiver* Schrift hinzugefügt. Jedem amharischen Wort entspricht ein Wort in der Wort-für-Wort-Übersetzung. Wird ein amharisches Wort im Deutschen durch zwei Wörter übersetzt, werden diese zwei Wörter in der Wort-für-Wort-Übersetzung mit einem Bindestrich verbunden, z. B.:

mäkinaye ïzzih näw.
Auto-mein hier ist
Mein Auto ist hier.

Oft kann man vom gebeugten deutschen Tätigkeitswort nicht eindeutig auf die handelnde Person schließen. In der Wort-für-Wort-Übersetzung ist daher das persönliche Fürwort in Klammern ergänzt:

ïzzih nän.
hier (wir-)sind
Hier sind wir.

Werden in einem Satz mehrere Wörter angegeben, die man untereinander austauschen kann, steht ein Schrägstrich zwischen ihnen:

wäda lay / tattsch
nach oben / unten

Seitenzahlen
Um Ihnen den Umgang mit den Zahlen zu erleichtern, wird auf jeder Seite die Seitenzahl auch in Amharisch angegeben!

Die **Umschlagklappe** hilft, die wichtigsten Sätze und Formulierungen stets parat zu haben. Hier finden sich außerdem die wichtigsten Angaben zur Aussprache und eine kleine Liste der wichtigsten Fragewörter, Richtungs- und Zeitangaben, denn wer ist nicht schon einmal aufgrund missverstandener Gesten im

fremden Land auf die falsche Fährte gelockt worden?

Aufgeklappt ist der Umschlag eine wesentliche Erleichterung, da nun die gewünschte Satzkonstruktion mit dem entsprechenden Vokabular aus den einzelnen Kapiteln kombiniert werden kann.

Wenn alles nicht mehr weiterhilft, dann ist vielleicht das Kapitel „Nichts verstanden? – Weiterlernen!“ der richtige Tipp. Es befindet sich ebenfalls im Umschlag, stets bereit, mit der richtigen Formulierung z. B. für „Ich verstehe leider nicht.“ oder „Können Sie das bitte wiederholen?“ auszuhelfen.

Land & Sprache

Äthiopien ist mit ca. 68 Millionen Einwohnern einer der bevölkerungsstärksten Staaten Afrikas. Von seiner Fläche her ist das Land so groß wie Frankreich und Spanien zusammengenommen.

Ungefähr die Hälfte des Landes liegt über 1200 m, ein weiteres Viertel über 2000 m hoch. Die Hauptstadt Addis Abeba befindet sich auf einer Höhe von 2400 m über dem Meeresspiegel. Dieses Hochland wird zerrissen vom Großen Afrikanischen Graben, der

Vergessen Sie deshalb nicht, auch warme Kleidung mitzunehmen!

sich vom Roten Meer bis nach Kenia und Tansania erstreckt. Deshalb existieren in Äthiopien neben dem zentralen Hochland im Nordosten auch Gebiete, die bis zu 100 m unter dem Meeresspiegel liegen (Danakil-Senke am Roten Meer).

Das Hochland machte aus Äthiopien in der Geschichte eine uneinnehmbare Festung, und so ist Äthiopien der wahrscheinlich älteste unabhängige Staat der Welt. Zuletzt scheiterte an dieser Festung auch Italiens modernes Heer.

Diese Unabhängigkeit wurde auch Europäern gegenüber immer wieder verdeutlicht. Als Kaiser Teodros im 19. Jahrhundert die Gesandten der Königin Victoria nach England zurückschickte, tat er es mit einer Geste, die diese Haltung sehr deutlich machte: In einem symbolischen Akt ließ Teodros dafür sorgen, dass allen Gesandten die Füße gewaschen wurden, bevor sie den äthiopischen Boden verließen. Nicht einmal den äthiopischen Staub an ihren Füßen durften die Gesandten in ein anderes Königreich mitnehmen.

In Äthiopien gibt es insgesamt ca. 80 Sprachen – Dialekte nicht mitgezählt – mit Sprecherzahlen von weniger als Hundert bis zu mehreren Millionen. Die am weitesten verbreitete Sprache Äthiopiens ist Amharisch (amariña), das auch die Funktion der Amtssprache hat. Wer Amharisch spricht, wird fast überall in Äthiopien verstanden.

Amharisch gehört, wie auch das Tigrinja (Nordäthiopien und Eritrea), die Gruppe der Gurage-Sprachen (Südathiopien) und viele andere kleinere Sprachen des Landes, der semitischen Sprachfamilie an. Wie die meisten semitischen Sprachen (die bekanntesten sind Arabisch und Hebräisch) hat auch das Amharische ein komplexes System von Tätigkeitswörtern, das beim Lernen die einzig erwähnenswerten Schwierigkeiten bereiten wird.

Vom Satzbau her lässt sich Amharisch mit Sprachen wie Japanisch oder Türkisch vergleichen (die sonst allerdings nichts miteinander gemein haben), da in ihnen die Satzaussage (Prädikat = P) am Ende des Satzes, und der Satzgegenstand (Subjekt = S) vor der Satzergänzung (Objekt = O) steht, also: S-O-P.

Im Deutschen benutzen wir diese „amharische" Satzstellung auch – und zwar in allen Nebensätzen (die z. B. mit „weil" oder „wenn" anfangen): „weil / wenn Touristen (S) Äthiopien (O) besuchen (P)".

Wie jede andere lebendige Sprache hat sich auch Amharisch viele Begriffe und Wörter aus anderen Sprachen einverleibt. Besonders häufig werden einem englische, französische, italienische und auch arabische Wörter begegnen – in leicht amharisierter Form.

Karte von Äthiopien

Lautschrift & Aussprache

Schon vor gut 2000 Jahren entwickelte sich die äthiopische Schrift, und sie ermöglicht einen so weiten Blick zurück in die Geschichte, wie es bei keinem anderen afrikanischen Land möglich ist.

Amharisch setzte sich aber erst im 19. Jahrhundert als Schriftsprache durch. Nach einigen Veränderungen der äthiopischen Schrift verdrängte es die seit 1000 Jahren tote Sprache Ge'ez, die heute nur noch in der Literatur und der orthodoxen Kirche fortbesteht.

Wenn auch Amharisch im Gegensatz zu fast allen anderen afrikanischen Sprachen eine eigene Schrift entwickelt hat, ist es für den, der in kurzer Zeit eine gute Aussprache erwerben will, ein großer Umweg, damit anzufangen: Erstens fehlt den meisten Besuchern die Zeit, alle 250 Zeichen auswendig zu lernen - und zweitens muss man feststellen, dass sich aus den mühsam erlernten Zeichen eine eindeutige Aussprache nicht ablesen lässt.

Also wurde für dieses Buch eine Lautschrift gewählt, die a) dem gesprochenen Amharisch voll gerecht wird und b) sofort zu einer (fast) korrekten Aussprache führt. In diesem Buch werden alle kritischen Lautunterschiede gezeigt (auch der Unterschied zwischen kurzen und langen Mitlauten wie z. B. b und bb, d und dd, g und gg, der in der äthiopischen Schrift nicht sichtbar ist), denn für eine (unmiss)verständliche Kommunikation ist die Aussprache sehr wichtig.

Jede Lautschrift ist etwas gewöhnungsbedürftig. Wer sich aber ein bisschen für diese Sprache interessiert und die Ohren offenhält, wird mit diesem Einstieg keine Schwierigkeiten haben.

Obwohl die meisten Buchstaben dieser Lautschrift vom Deutschen her vertraut sind (einschließlich sch und tsch), spiegeln sie doch das amharische Lautsystem voll und unverfälscht wieder.

Im Amharischen gibt es sieben Selbstlaute (Vokale) und 26 Mitlaute (Konsonanten). Darüber hinaus verwendet diese Sprache weder Ton noch Betonung – aber, wie oben bereits erwähnt, die Verdopplung der Mitlaute.

Mitlaute

Unproblematisch, weil wie im Deutschen, sind die folgenden 13 Laute: b, d, f, g, h, k, l, m, n, p, sch, t und tsch. Die anderen 13 Laute sind: dsch, j, k', ñ, p', r, s, ts', t', tsch', w, y und z. Sie müssen jetzt erklärt werden:

dsch	stimmhaft wie in „**Dsch**ungel“: **lïdsch** (Kind)
j	stimmhaft wie in „**J**ournal“: **garaj** (Werkstatt)
ñ	„n“ und „j“ als ein Laut gesprochen, wie in span. „se**ñ**or“, aber gelängt: **amarïña** (Amharisch)
r	gerolltes Zungenspitzen-R wie im Spanischen: **krar** (Gitarre)

s	stimmloses „s“ wie in „rei**ß**en“: **säw** (Person)
w	mit gerundeten Lippen gesprochen wie engl. „w“ in „**w**ater“, am Ende eines Wortes wie „u“: **wäf** (Vogel)
y	wie in „**J**apan“: **yïk'ïrta** (Entschuldigung!)
z	stimmhaftes „s“ wie in „rei**s**en“: **zïnab** (Regen)

„emphatische“ Verschlusslaute

Die Laute k', p', t', tsch' und ts' entstehen, indem man sie aus dem Rachen- oder Mundraum „hinausschleudert“ – ohne dabei Luft aus der Lunge zu gebrauchen. Die Kehle bleibt geschlossen. Werden diese Laute verdoppelt, hält man sie vor dem Hinausschleudern etwas zurück. Sobald man diese Laute einmal gehört hat, wird klar, was hier gemeint ist.

Auch die ausführlichste Erklärung wird vielleicht erfolglos bleiben, weil ja diese Verschlusslaute im europäischen Sprachraum nicht existieren. Also hinhören und nachahmen!

k'	wie in **k'äyy** (rot)
p'	wie in **P'ät'ros** (Petrus)
t'	wie in **t'ot'a** (Affe)
ts'	wie in **ts'ähay** (Sonne)
tsch'	wie in **tsch'äw** (Salz)

Verdopplung der Mitlaute

Eine entsprechende Aussprache ist manchem Leser vielleicht auch aus dem Italienischen bekannt: Mamma mia.

In dieser Umschrift enthalten viele Wörter Doppelbuchstaben. Das bedeutet, dass sie ganz bewusst lang und mit Nachdruck ausgesprochen werden müssen – anders als im Deutschen! Das mm z. B. ist lang wie in „Schwi**mm**eister", und nicht kurz wie in „Schwimmen"! Bei bb, dd oder gg zögern Sie das Aussprechen einfach ein bisschen hinaus. Jeder Äthiopier ist gern bereit, Beispiele vorzuführen: Fragen Sie nach dem Unterschied zwischen alä (er sagte) und allä (er ist), oder zwischen säfi (Schneider) und säffi (Größe, Weite)!

Das liegt aber nur an der umständlichen Schreibung im Deutschen, und nicht an der Aussprache selbst!

Die Verdoppelung von sch sieht ein bisschen umständlich aus: Sie wird schsch geschrieben wie z. B. in ïschschi! (okay!).

Das doppelte tsch wird – weniger umständlich – als ttsch geschrieben.

Doppeltes p', t' und k' erscheint als pp', tt' bzw. kk'. Diese Laute werden vor dem „Hinausschleudern" etwas zurückgehalten.

Selbstlaute

Die Selbstlaute sind denen des Deutschen sehr ähnlich. So gibt es bei a, i und u keinen Unterschied zum Deutschen.

e	geschlossenes „e" wie in „W**e**g"
ä	offenes „e" bzw. „ä" wie in „Kl**e**cks" bzw. „B**ä**r"

o	geschlossenes „o" wie in „s**o**", d. h. nicht offen wie in „oft"

Nur das ï ist im Deutschen nicht zu finden: Es wird in etwa wie das deutsche „ü" gesprochen, allerdings nicht mit gespitzten Lippen gebildet, sondern mit gespreizten (also wie beim „i"). Das klingt dann wie ein Zwischending zwischen „H**i**t" und „H**ü**tte". Doch Erklärungen helfen weniger als gutes Zuhören – das ï ist nämlich der häufigste Laut im Amharischen!

Auf dem Heimweg

Abkürzungen

EZ	Einzahl (Singular)
MZ	Mehrzahl (Plural)
m	männlich (maskulin)
w	weiblich (feminin)
GF	Grundform des Verbs (Infinitiv)
HF	Höflichkeitsform

Wörter, die weiterhelfen

Wenn es während der Anreise langweilig wird, lassen Sie Ihrem Lerneifer freien Lauf. Versuchen Sie die ersten Sätze zu bilden, indem Sie die folgenden Phrasen vervollständigen.

Wer die folgenden Formulierungen bei der Ankunft beherrscht, wird schnell ein Taxi oder ein Hotelzimmer finden – oder das Telefon. Wer schon nichts versteht, soll wenigstens verstanden werden:

... yet näw?
Wo ist ...?

... ïfällïgallähu.
Ich brauche / möchte ...

... alläwo?
Haben Sie ...?

... ïzzih allä?
Gibt es hier ...?

In diese Sätze bzw. Fragen kann man jedes beliebige Hauptwort aus der Vokabelliste unverändert einsetzen, z. B.: sïlk (Telefon):

sïlk yet näw?
Wo ist das Telefon?

sïlk ïzzih allä?
Gibt es hier ein Telefon?

Einige andere Möglichkeiten:

taksi
Taxi

ïk'a
Gepäck, Sachen

kĭfil
Zimmer

suk'
Laden

schïnt bet
Urin Haus
Toilette

mïgïb bet
Essen Haus
Restaurant

hospital
Krankenhaus

hakim
Arzt

mädhanit bet
Medikament Haus
Apotheke

embasi
Botschaft

adraschscha
Adresse

– oder, wie schon gesagt, jedes andere beliebige Wort aus der Wörterliste, sofern es von der Bedeutung her passt.

awo!
ja!

ay!
nein!

Zwei Freunde

Hauptwörter

Das Hauptwort im Amharischen bietet deutschen Sprechern keine Schwierigkeiten: Eine Unterscheidung zwischen männlichem und weiblichem Geschlecht existiert zwar, bringt aber keine Schwierigkeiten mit sich, weil praktisch nur weibliche Personen grammatisch weiblich sind (Gegenstände gelten als männlich). Nicht einmal die Unterscheidung zwischen Einzahl und Mehrzahl ist wichtig. Anstelle eines bestimmten Artikels („der, die, das") hängt man einfach ein -u an das Hauptwort. Bei weiblichen Personen (z. B. „die Frau") wird hingegen ein -wa angehängt.

säw	(ein) Mann	**säwu**	der Mann
set	(eine) Frau	**setwa**	die Frau
bet	(ein) Haus	**betu**	das Haus

Mehrzahl

Wenn die Mehrzahl aus dem Zusammenhang nicht klar hervorgeht, kann sie durch das Anhängen der Silbe -ottsch gebildet werden (man muss aber, wie gesagt, nicht zwischen Einzahl und Mehrzahl unterscheiden). Die Selbstlaute a, o, u am Ende eines Hauptwortes verschwinden, wenn -ottsch angehängt wird.

säw Mann	**säwottsch** Männer	
set Frau	**setottsch** Frauen	
bet Haus	**betottsch** Häuser	
geta Herr	**getottsch** Herren	*Höflichkeitsform für „Mein Herr"*
bäre Ochse	**bäreottsch*** Ochsen	** Die Selbstlaute* e *und* i *am Wortende bleiben erhalten.*
astämari Lehrer	**astämariottsch*** Lehrer	

bïzu (viel)

Wer es sich ganz einfach machen will, verwendet ein Zahlwort oder das Wort bïzu (viel), um eine unbestimmte große Anzahl von etwas auszudrücken.

Dann ist es nicht mehr nötig, die Mehrzahl mit -ottsch zu verwenden. Im Amharischen und anderen äthiopischen Sprachen beschreibt nämlich die Einzahl nicht unbedingt etwas „Einzelnes", sondern eher die Gesamtheit von etwas.

and lïdsch *ein Kind* ein Kind	**bïzu / hulätt lïdsch** *viel / zwei Kind* viele / zwei Kinder
and bet *ein Haus* ein Haus	**bïzu / sïddïst bet** *viel / sechs Haus* viele / sechs Häuser

Und nur wenn man sehr genau sein will:

bïzu / hulätt lïdschottsch
viel / zwei Kind-MZ
viele / zwei Kinder

bïzu / sïddïst betottsch
viel / sechs Haus-MZ
viele / sechs Häuser

Dieses & Jenes

Die hinweisenden Fürwörter yïh / yïhe „diese(r)" (für Nahegelegenes) und ya „jene(r)" (für Dinge außerhalb der Reichweite des Sprechers) gibt es – wie im Deutschen – in der Einzahl und in der Mehrzahl. Da das grammatische Geschlecht im Allgemeinen keine Rolle spielt, verwendet man nur eine Form. Die rein weibliche Form yïhïtsch bzw. yatschi wird nur dann benutzt, wenn man von einer Frau oder einem Mädchen spricht.

Einzahl

yïh *oder* **yïhe**	dieser / diese / dieses	*gleichbedeutend*
yïhïtsch	diese	*nur weibliche Form*
ya	jener / jene / jenes *bzw.* der da /die da / das da	
yatschi	jene *bzw.* die da	*nur weibliche Form*

Mehrzahl

Das vorangestellte Element ïnnä- zeigt (wie auch beim später behandelten persönlichen Fürwort) die Mehrzahl an. Die rein weibliche Form gibt es im Plural nicht.

ïnnäzzih	diese
ïnnäzziya	jene *bzw.* die da

Stellung

Die hinweisenden Fürwörter stehen vor dem Hauptwort, auf das sie sich beziehen.

yïh agär
dieses Land

ïnnäzzih agärottsch
diese Länder

ya bet
jenes Haus /
das Haus da

ïnnäzziya betottsch
jene Häuser /
die Häuser da

ïzzih
hier

ïzziya
dort

In diesem Zusammenhang sind auch nebenstehende zwei Wörter nützlich.

Eigenschaftswörter

Die Eigenschaftswörter stehen wie im Deutschen immer vor dem Hauptwort, auf das sie sich beziehen. Sie machen weder nach dem Geschlecht (männlich / weiblich) noch nach der Anzahl (Einzahl / Mehrzahl) einen Unterschied in der Form.

Man kann zwar eine Mehrzahl von ihnen bilden, aber darauf brauchen wir hier nicht einzugehen.

addis abäba
neu Blume
die neue Blume

k'ondscho bet
schön Haus
das schöne Haus

tïkkus mïgïb
heiß Essen
das heiße Essen

k'ondscho betottsch
schön Häuser
die schönen Häuser

Sein

Soll hingegen in einem „beschreibenden" Satz eine Eigenschaft Bestandteil der Satzaussage (des Prädikats) sein, indem man eine Aussage vom Typ *„X (= Satzgegenstand) ist so und so"* macht, steht das Eigenschaftswort nach dem Hauptwort. Hierbei ist das Tätigkeitswort „sein" nützlich. Zu beachten ist, dass man im Amharischen bei der „du"-Form zwischen männlich und weiblich unterscheidet.

sein	
näñ	ich bin
näh	du *(m)* bist
näsch	du *(w)* bist
näw	er / es ist
nättsch	sie ist
näwot	Sie *(HF)* sind
nän	wir sind
nattschïhu	ihr seid
nattschäw	sie / Sie *(HF)* sind

Schriftsprachlich lautet „ihr seid" nattschïhu, *die Aussprache wird aber oft zu* nattschuh *gekürzt. Dies gilt übrigens jedesmal, wenn die Endung der 2. Person MZ* -attschïhu *unmittelbar am Ende des Wortes steht, also kein weiteres Endungselement ihr folgt.*

ya bet k'ondscho näw.
jenes Haus schön ist
Jenes Haus / das Haus da ist schön.

k'ondscho näsch.
schön (du(w)-)bist
Du *(w)* bist schön.

waga wïdd näw.
Preis teuer ist
Der Preis ist zu hoch.

yïh migïb tïkkus näw.
dies Essen heiß ist
Dieses Essen ist heiß.

bät'am (sehr)

Einem Eigenschaftswort (z. B. „heiß") kann immer das Wort „sehr" vorangestellt werden:

bät'am tïkkus mïgïb
sehr heiß Essen
ein sehr heißes Essen

yïh mïgïb bät'am tïkkus näw.
dies Essen sehr heiß ist
Dieses Essen ist sehr heiß.

lïdsch bät'am tïnnïsch näw.
Kind sehr klein ist
Das Kind ist sehr klein.

Ein nachdenkliches Kind

Steigern & Vergleichen

Im Amharischen ändern Eigenschaftswörter nicht die Form, wenn sie eine Steigerung bzw. einen Vergleich ausdrücken (wie dies etwa im Deutschen mit „besser“ oder „am schnellsten“ der Fall ist). Statt dessen setzt man die Vorsilbe kä- (von, aus) vor das Haupt- oder Fürwort, mit dem der Satzgegenstand verglichen wird:

käyïh bet ya bet tïllïk’ näw.
von-dies Haus jenes Haus groß ist
Das Haus da ist größer als dieses Haus.

käPät’ros Pawlos tïnnïsch näw.
von-Peter Paul klein ist
Paul ist kleiner als Peter.

Will man eine Vorliebe oder Bewertung ausdrücken, kann man zusammen mit kä- das Wort yïschschalall verwenden, was soviel wie „es ist besser“ oder „ich bevorzuge“ bedeutet.

käyïh hotel ya hotel yïschschalall.
von-dies Hotel jenes Hotel (es-)ist-besser-ist
Das Hotel da ist besser als dieses.

käsïga asa yïschschalall.
von-Fleisch Fisch (es-)ist-besser-ist
Fisch ist besser als Fleisch. /
Fisch ist mir lieber als Fleisch.

Steigern & Vergleichen

Man kann yïschschalall *auch alleine (d. h. ohne Vergleichswort mit* kä-*) verwenden.*

mätsche yïschschalall, zare wäyïss nägä?
wann (es-)ist-besser-ist heute oder morgen
Was ist besser, heute oder morgen?

zare yïschschalall.
heute (es-)ist-besser-ist
Ich halte heute für besser.

yïhe k'äläm yïschschalall.
diese Farbe (es-)ist-besser-ist
Diese Farbe gefällt mir besser.

Eine Möglichkeit, die 1. Steigerungsform (Komparativ) ohne Vergleichswort auszudrücken, ist die Verwendung des Wortes bät'am (sehr). Für die 2. Steigerungsform (Superlativ) stellt man zusätzlich noch ïddschïgg (zu sehr) hinzu.

Welches ist nun das beste Hotel am Ort?

yïh hotel t'ïru näw.
dieses Hotel gut ist
Dieses Hotel ist gut.

yïh hotel bät'am t'ïru näw.
dieses Hotel sehr gut ist
Dieses Hotel ist besser (= sehr gut).

yïh hotel ïddschïgg bät'am t'ïru näw.
dieses Hotel zu sehr gut ist
Dieses Hotel ist das beste (= zu gut).

Persönliche Fürwörter

Im Gegensatz zum Deutschen muss man im Amharischen beim Tätigkeitswort keine zusätzlichen persönlichen Fürwörter verwenden, da die handelnde Person eindeutig aus den verschiedenen Verbformen hervorgeht. Man verwendet sie jedoch zur besonderen Hervorhebung bzw. wenn das Fürwort allein steht (z. B. in einer Antwort.)

Einzahl	
ïne	ich
antä / antschi	du *(m/w)*
ïssu	er
ïsswa	sie
ïrswo	Sie *(HF)*
Mehrzahl	
ïña	wir
ïnnantä	ihr
ïnnässu	sie / Sie *(HF)*

Wie bereits erwähnt, unterscheidet das Amharische bei der „du"-Form zwischen männlich und weiblich. Daher stehen auch hier zwei verschiedene Formen.

man? – antä!
Wer? – Du! *(m)*

man? – antschi!
Wer? – Du! *(w)*

Neben der normalen Höflichkeitsform „Sie" (*EZ* und *MZ*) gibt es noch eine besondere Höflichkeitsform, die man verwendet, wenn man über eine dritte Person respektvoll redet:

ïssattschäw er, sie *(mit Respekt)*

„Er" wird hier betont und mit Respekt verwendet.

ïssattschäw t'ïru säw näw.
er(HF) gut Mensch ist
Er ist ein guter Mensch.

Bei den Höflichkeitsformen sind Einzahl und Mehrzahl in der Praxis nicht deutlich getrennt. Man kann ïnnässu *auch für Einzelpersonen verwenden.*

man? – ïrswo / ïnnässu!
Wer? – Sie! *(Ez / Mz)*

man? – ïnnantä!
Wer? – Ihr!

Besitzanzeigende Fürwörter

Es gibt im Amharischen zwei verschiedene Arten, Besitzkonstruktionen auszudrücken, vergleichbar mit der deutschen Unterscheidung von „das Haus von Peter" und „Peters Haus". Der ersten Art entspricht ein besitzanzeigendes Fürwort, vergleichbar dem deutschen „von mir", „von dir", „von ihm" usw. Die Vorsilbe yä-, eigentlich ein Verhältniswort mit der Bedeutung „von", wird vor das persönliche Fürwort gesetzt und verschmilzt jeweils mit dem ersten Selbstlaut des persönlichen Fürwortes.

Dabei gilt:

a schluckt ä, und ä schluckt ï.

Die Kombination von yä- und ïne lautet demnach yäne („von-ich“).

yäne bet	**yäne mäkina**	**yantschi mäkina**
von-ich Haus	*von-ich Auto*	*von-du(w) Auto*
mein Haus	mein Auto	dein *(w)* Auto

Weil nun die Regel „a schluckt ä, und ä schluckt ï“ für die ganze Sprache gilt, gibt es hier zur Illustration gleich noch die ganze Reihe von verschmolzenen Fürwörtern:

Einzahl		
yä- + ïne	**yäne**	mein
yä- + antä	**yantä**	dein *(m)*
yä- + antschi	**yantschi**	dein *(w)*
yä-+ ïssu	**yässu**	sein
yä-+ ïsswa	**yässwa**	ihr
yä- + ïrswo	**yärswo**	Ihr *(HF)*
Mehrzahl		
yä- + ïña	**yäña**	unser
yä- + ïnnantä	**yännantä**	euer
yä- + ïnnässu	**yännässu**	ihr / Ihr *(HF)*

yäne bet näw.	**yässwa barnet'a näw.**
von-mir Haus ist	*von-ihr(w) Hut ist*
Das ist mein Haus.	Das ist ihr Hut.

Besitzanzeigende Fürwörter

Dass man yä- nicht nur vor persönliche Fürwörter stellen kann, sondern auch mit Hauptwörtern verbinden, sieht man an den folgenden Sätzen:

yäPeter bet näw.
von-Peter Haus ist
Das ist Peters Haus.

yato Dästa mäkina näw?
von-Herr Dästa Auto ist
Ist das Herrn Dästas Auto?

Die andere Möglichkeit, Besitz anzuzeigen, besteht darin, dass eine Personenendung an das Hauptwort gehängt wird.

Endet das Hauptwort auf einen Selbstlaut (Vokal), z. B. mäkina:

Einzahl		
-ye	**mäkinaye**	mein Auto
-h / -sch *(m/w)*	**mäkinah / mäkinasch**	dein *(m/w)* Auto
-w / -wa *(m/w)*	**mäkinaw / mäkinawa**	sein / ihr Auto
Mehrzahl		
-ttschïn	**mäkinattschïn**	unser Auto
-ttschïhu	**mäkinattschïhu**	euer Auto
-ttschäw	**mäkinattschäw**	ihr Auto

Endet das Hauptwort auf einen Mitlaut (Konsonant), z. B. bet:

Einzahl		
-e	**bete**	mein Haus
-ïh / -ïsch *(m/w)*	**betïh / betïsch**	dein *(m/w)* Haus
-u / -wa *(m/w)*	**betu / betwa**	sein / ihr Haus
Mehrzahl		
-attschïn	**betattschïn**	unser Haus
-attschïhu	**betattschïhu**	euer Haus
-attschäw	**betattschäw**	ihr Haus

gänzäbe yet näw?
Geld-mein wo ist
Wo ist mein Geld?

borsasch ïzzih näw.
Beutel-dein(w) hier ist
Dein *(w)* Geldbeutel ist hier.

Bitte recht freundlich!

Sein & Haben

Die wichtigsten Verben sind näw und allä. Beide Tätigkeitswörter übersetzt man mit „sein". Es gibt gewisse Bedeutungsunterschiede, jedoch sind diese für uns nicht immer ganz leicht und eindeutig fassbar.

sein

näw

Man benutzt näw, um Eigenschaften oder Berufe zuzuschreiben („wie sein", „etwas sein"). Es wird aber auch für die örtliche Lage von Dingen und Personen benutzt („wo sein").

dschärmän embasi yet näw?
deutsch Botschaft wo ist
Wo ist die deutsche Botschaft?

Gegenwart näw **Einzahl**	
näñ	ich bin
näh	du *(m)* bist
näsch	du *(w)* bist
näw	er / es ist
nättsch	sie ist
näwo	Sie sind

Mehrzahl	
nän	wir sind
nattschïhu	ihr seid
nattschäw	sie / Sie sind

Mit näw kann man viele einfache, nützliche Sätze bilden wie:

ïzzih näñ.
hier (ich-)bin
Hier bin ich.

t'ïru näw.
gut ist
Das ist gut.

lïkk nattschäw!
richtig (sie-)sind
Recht haben sie / Sie!

yässu sïm Solomon näw.
von-er Name Solomon ist
Er heißt Solomon.

allä

Für „sein" im Sinn von „existieren" und „anwesend sein" verwendet man allä („es gibt"). Es wird aber auch für die örtliche Lage verwendet, und zwar besonders dann, wenn man im Deutschen den unbestimmten Artikel benutzen würde („wo gibt es ein(e)").

Der „unbestimmte Artikel" ist dabei aber nicht unbedingt erforderlich. Das heißt, bei bestimmten Ortsangaben (Frage: „Wo ist der / die / das", und Antworten darauf) sind allä *und* näw *oft ganz austauschbar.*

dschärmän embasi allä?
deutsch Botschaft ist
Gibt es eine deutsche Botschaft?

Gegenwart **allä**	
Einzahl	
allähu	ich bin
alläh	du *(m)* bist
alläsch	du *(w)* bist
allä	er / es ist
allättsch	sie ist
Mehrzahl	
allän	wir sind
allattschĭhu	ihr seid
allu	sie / Sie sind

ĭsswa bähospital allättsch.
sie in-Krankenhaus (sie-)ist
Sie ist im Krankenhaus.

ĭzzih hotel allä.
hier Hotel (es-)ist
Hier gibt es ein Hotel.

Das sollte für eine erste Orientierung bei näw und allä genügen. Als aufmerksamer Zuhörer wird man im Land schnell merken, wann was gebraucht wird.

Haben

Das Verb allä hat, wenn auch mit anderen Endungen, außerdem die Bedeutung „haben". Genau genommen sagt man also „ein Haus ist mir" statt „ich habe ein Haus".

Einzahl	
alläñ	ich habe
alläh	du *(m)* hast
alläsch	du *(w)* hast
alläw	er / es hat
allat	sie hat
alläwo	Sie haben *(HF)*
Mehrzahl	
allän	wir haben
allattschĭhu	ihr habt
allattschäw	sie haben

es ist mir / existiert für mich

Im Prinzip gelten diese Formen nur dann, wenn das, was man hat, in der Einzahl steht (und nicht grammatisch weiblich ist). Für die Mehrzahl und für weiblich Einzahl gibt es jeweils andere Formen. Als Anfänger kann man dies aber vernachlässigen.

mäkina alläñ.
Auto ist-mir
Ich habe ein Auto.

mĭn alläh?
was ist-dir(m)
Was hast du? /
Was ist los mit dir?

ĭsti, hamsa santim alläh?
wohlan fünftzig Cents ist-dir(m)
Sag, hast du mal 50 Cents?

ĭsti *entspricht etwa engl. „well"*

Verneinung von „sein" & „haben"

Als Verneinung von „sein" gibt es für näw und allä jeweils eine Form, die dann auch als antwortendes „nein" benutzt werden können:

yälläm!
Nein!
(Verneinung von allä*)*

aydälläm!
Nein!
(Verneinung von näw*)*

hotel yälläm.	**k'ondscho aydälläm.**
Hotel nicht-ist	*schön nicht-ist*
Es gibt kein Hotel.	Das ist nicht schön.

källal näw, aydälläm?
einfach ist nicht-ist
Das ist einfach, nicht wahr?

Für die Verneinung von „haben" gibt es einen kompletten Satz an personengebeugten Formen, entsprechend der obigen Tabelle für positives „haben". Man kann es sich allerdings einfacher machen, indem man nur yälläm („gibt es nicht") sagt, denn „ich habe nicht" ist im Amharischen schließlich auch nichts anderes als „das gibt es nicht *für mich*".

Tätigkeitswörter

Ohne Tätigkeitswort (Verb) kann man keine Sätze bauen – und gerade das Tätigkeitswort ist es, das im Amharischen sehr schwierig ist! Da es neun verschiedene Gruppen von Verben gibt, bräuchte man allein mindestens einen Band wie diesen, um sie ansatzweise darzustellen. So steht man vor der Wahl, auf alle Tätigkeitswörter zu verzichten und nur in Hauptwörtern zu reden („Auto Unfall Elend Arzt") – oder das Hindernis „Verb" gleich zu Beginn zu überwinden, mit dem Schwung des Anfängers.

Zeiten

Die Grundform (Infinitiv) der amharischen Tätigkeitswörter erkennt man an der Vorsilbe mä- (manchmal auch nur m-, da ja bekanntlich jedes ä von einem benachbarten a verschluckt wird). Von dieser Grundform erhält man durch Wegnahme von mä- bzw. m- den Stamm, an den man bei regelmäßigen Verben (die aber nicht sehr häufig sind!) ein -ä anhängt und so die 3. Person Einzahl (er) der Vergangenheit bildet. (Üblicherweise gibt man im Amharischen die Vergangenheit – wie auch die Gegenwart – immer in der 3. Person *EZ männl.* an.) Mit Hilfe des Stammes sowie der Vorsilbe yï- und der Nachsilbe -all bildet man dann die 3. Person *EZ männl.* Gegenwart.

In der Wörterliste werden deshalb alle Tätigkeitswörter in drei Formen angegeben: Grundform – 3. Person *EZ männl.* Vergangenheit – 3. Person *EZ männl.* Gegenwart, z. B.:

verkaufen **mäschät', schät'ä, yïschät'all**
(= verkaufen, er verkaufte, er verkauft)

Nicht immer jedoch ist die Bildung der Zeiten so einfach wie bei diesem regelmäßigen Verb. Bei vielen Tätigkeitswörtern verändert sich der Stamm, bevor er zur Bildung der Vergangenheitsform dienen kann. Allerdings ist dann die weitere Veränderung dieses Vergangenheitsstammes zur Ableitung der Gegenwart meist gering:

rufen **mät'rat, t'ärra, yit'ärall**
(= rufen, er rief, er ruft)

In jedem Fall sollte man erst in der Wörterliste nachsehen und die richtige Form suchen, bevor man sich daran macht, die entsprechenden Vorsilben oder Endungen für die jeweilige Person hinzuzufügen.

Vergangenheit

Wie gerade bereits erwähnt, bildet man die Vergangenheitsform der regelmäßigen Verben, indem man von der Grundform (Infinitiv) die Vorsilbe mä- bzw. m- abstreicht und an den so erhaltenen Stamm die unten aufgeführten Endungen anhängt:

Vergangenheit von mäschät' „verkaufen"

Einzahl		
schät'	**-ku**	ich verkaufte
schät'	**-k**	du *(m)* verkauftest
schät'	**-sch**	du *(w)* verkauftest
schät'	**-ä**	er / es verkaufte
schät'	**-ättsch**	sie verkaufte
Mehrzahl		
schät'	**-n**	wir verkauften
schät'	**-attschïhu**	ihr verkauftet
schät'	**-u**	sie / Sie verkauften

Vergangenheit von mähed „gehen"

Einzahl		
hed	**-ku**	ich ging
hed	**-k**	du *(m)* gingst
hed	**-sch**	du *(w)* gingst
hed	**-ä**	er / es ging
hed	**-ättsch**	sie ging
Mehrzahl		
hed	**-n**	wir gingen
hed	**-attschĭhu**	ihr gingt
hed	**-u**	sie / Sie *(HF)* gingen

Wichtig sind auch noch die Vergangenheitsformen von „sein", z. B. näbbärku *„ich war nicht",* näbbärä *„er war". In gewissen Zusammenhängen verwendet man auch die endungslose Form* näbbär, *die zu keiner bestimmten grammatischen Person gehört.*

Die Endungen -ku und -k werden durch -hu und -h ersetzt, wenn der Stamm auf einen Selbstlaut endet.

bunna fällägu.
Kaffee (sie-)wollten
Sie wollten Kaffee.

firafre gäzzasch?
Obst (du(w)-)kauftest
Hast du *(w)* Obst gekauft?

bät'am däkkämä.
sehr (er-)ermüdete
Er war sehr müde.

ato Dästa ayyän.
Herr Dästa (wir-)sahen
Wir haben Herrn Dästa gesehen.

Verneinung der Vergangenheit

Bei der Verneinung der Vergangenheit verändert sich das Verb vorn und hinten: Es wird die Vorsilbe al- und die Nachsilbe -m angefügt, wie im Beispiel:

hedku ich ging
al + hedku + m ich ging nicht

Einzahl	
alhedkum	ich ging nicht
alhedkïm*	du *(m)* gingst nicht
alhedschïm*	du *(w)* gingst nicht
alhedäm	er ging nicht
alhedättschïm*	sie ging nicht
Mehrzahl	
alhednïm*	wir gingen nicht
alhedattschïhum	ihr gingt nicht
alhedum	sie / Sie gingen nicht

** Das* ï *taucht nach Mitlauten auf, es dient nur der einfacheren Aussprache (*-dkm *wäre unaussprechlich).*

mäkina alayyähum.
Auto nicht-(ich-)sah
Ich habe kein Auto gesehen. /
Ich habe das Auto nicht gesehen.

mäblat alfällägattschïhum?
essen nicht-(ihr-)wolltet
Wolltet ihr nicht essen?

awo, mäblat alfällägnïm.
ja essen nicht-(wir-)wollten
Nein, wir wollten nicht essen.

Wie diese etwas eigenartige Antwort zu verstehen ist, wird im Kapitel „Fragen“ erklärt.

Gegenwart

Die Gegenwart lässt sich nicht ohne das Ergänzungsverb „sein“ ausdrücken. Genau genommen kann man nicht sagen „ich gehe“, sondern „ich gehe bin“, also etwa „ich bin am Gehen“. Zunächst also zur Erinnerung die Formen des Ergänzungsverbs „sein“:

Gegenwart allä „sein“

Einzahl	
allähu	ich bin
alläh	du *(m)* bist
alläsch	du *(w)* bist
allä	er / es ist
allättsch	sie ist
Mehrzahl	
allän	wir sind
allattschïhu	ihr seid
allu	sie sind

Wenn man nun ein regelmäßiges Tätigkeitswort beugen möchte, stellt man für jede Person die entsprechende Vorsilbe (s. u.) vor den Stamm und ergänzt das mit den obenstehenden Formen von „sein“, wobei man bei der 3. Person *EZ männl.* das -ä von allä weglässt.

mähed	gehen *(Grundform)*
ï + hed + allähu	ich gehe
tï + hed + alläh	du *(m)* gehst, *usw.*

Einzahl	
ïhedallähu	ich gehe
tïhedalläh	du *(m)* gehst
tïhedalläsch	du *(w)* gehst
yïhedall	er / es geht
tïhedallättsch	sie geht
Mehrzahl	
innïhedallän	wir gehen
tïhedallattschïhu	ihr geht
yïhedallu	sie / Sie gehen

mäschät' verkaufen *(Grundform)*
ï + schät' + allähu ich verkaufe
tï + schät' + alläh du *(m)* verkaufst, *usw.*

Einzahl	
ïschät'allähu	ich verkaufe
tïschät'alläh	du *(m)* verkaufst
tïschät'alläsch	du *(w)* verkaufst
yïschät'all	er / es verkauft
tïschät'allätsch	sie verkauft
Mehrzahl	
innïschät'allän	wir verkaufen
tïschät'allattschïhu	ihr verkauft
yïschät'allu	sie / Sie verkaufen

mäkina yïhedall.
Auto (es-)geht-ist
Das Auto fährt.

bäg yïgäzall?
Schaf (er-)kauft-ist
Kauft er ein Schaf?

ïssu yïkäflall?
er (er-)zahlt-ist
Zahlt er?
(„er“ betont!)

ay, ïne ïkäflallähu!
nein ich (ich-)zahle-bin
Nein, ich zahle!
(„ich“ betont!)

Verneinung der Gegenwart

Die Verneinung der Gegenwart bildet man, indem der Stamm um ein sich nach der Person veränderndes vorangestelltes Element (al- / at(tï)- / ay- / an(nï)-) sowie um die Endung -m (bei Selbstlauten) bzw. -ïm (bei Mitlauten) ergänzt wird. In der 2. und 3. Person *MZ* hängt man -um und in der 2. Person *EZ weibl.* -im an, ein etwaiger Endvokal des Verbs fällt weg.

mähed — gehen *(Grundform)*
al + hed + ïm — ich gehe nicht, *usw.*

Einzahl	
alhedïm	ich gehe nicht
attïhedïm	du *(m)* gehst nicht
attïhedim	du *(w)* gehst nicht
ayhedïm	er / es geht nicht
attïhedïm	sie geht nicht
Mehrzahl	
annïhedïm	wir gehen nicht
attïhedum	ihr geht nicht
ayhedum	sie / Sie gehen nicht

k’oda aygäzum?
Fell nicht-(sie-)kaufen
Wollen Sie nicht ein Tierfell kaufen?

ay, ayfäk'dum.
nein nicht-(sie-)erlauben
Nein, das ist nicht erlaubt.

Zukunft

Eine eigene Zukunftsform gibt es im Amharischen nicht. Um etwas auszudrücken, was in der Zukunft liegt, verwendet man einfach die Form der Gegenwart und Wörter wie „morgen", „in einer Woche", „nächstes Jahr".

and sammïnt bähwala ïhedallähu.
eine Woche danach (ich-)gehe-bin
In einer Woche gehe ich.

bäsost sä'at ïnnïggänañallän.
bei-drei Uhr (wir-)treffen-sind
Um 3 Uhr treffen wir uns.

Befehlsform

Die Befehlsformen sind die kürzesten Formen des Verbs. Es gibt eine männliche Befehlsform, eine weibliche und eine für die Mehrzahl (die auch als Höflichkeitsform dient). Zur regelmäßigen Bildung der Befehlsform nimmt man den Infinitivstamm und erhält so bereits den männlichen Imperativ („du"). Die weibliche Du-Form bekommt ein -i angehängt (nur nach d oder t folgt -schi), die Mehrzahlendung lautet -u. Da aber gerade die am häufigsten verwendeten Verben einen unregelmäßigen Stamm zur Bildung der Befehlsform verwenden und diese Regel somit auf sie nicht anwendbar ist, werden hier ein paar wichtige Imperativformen angegeben und zwar immer zuerst die beiden „du“-Formen *(m + w)*, dann die Mehrzahlform:

„suchen“	„sagen“/„machen“
fällĭg! (suche!, *männl.*)	**bäl!**
fällĭgi! (suche!, *weibl.*)	**bäi!**
fällĭgu! (sucht!, suchen Sie!)	**bälu!**
„bringen“	„geben“
amt'a!	**sĭt!**
amt'schi!	**sĭtschi!**
amt'u!	**sĭtu!**
„gehen“	„kommen“
hĭd!	**na!**
hĭdschi!	**näi!**
hĭdu!	**nu!**
„warten“	„bleiben“
t'äbbĭk'!	**k'oyy!**
t'äbbĭk'i!	**k'oyisch!**
t'äbbĭk'u!	**k'oyyu!**
„hinausgehen“	„hereinkommen“
wĭt'a!	**gĭba!**
wĭt'schi!	**gĭbi!**
wĭt'u!	**gĭbu!**

Modalverben – Der einfache Weg

Wem dies alles zu kompliziert ist, der kann auf die Modalverben „wollen“ und „können“ ausweichen und damit die schwierige Bildung der verschiedenen Verbformen umgehen. Man nimmt dazu einfach die Grundform eines Tätigkeitswortes aus der Wörterliste und setzt die entsprechende Form eines der beiden Modalverben dahinter. So kann man anstatt „ich kaufe“, „ich esse“, „ich gebe“ ebenso gut „ich will kaufen / essen / geben“ sagen, wobei im Amharischen zuerst die Grundform („kaufen“) und dann das Modalverb („ich will“) steht.

mäfälläg (wollen)

Gegenwart	
Einzahl	
ïfällïgallähu	ich will
tïfällïgalläh	du *(m)* willst
tïfällïgiyalläsch	du *(w)* willst
yïfällïgall	er / es will
tïfällïgallättsch	sie will
Mehrzahl	
innïfällïgallän	wir wollen
tïfällïgallattschïhu	ihr wollt
yïfällïgallu	sie / Sie wollen

Vergangenheit

Einzahl	
fälläghu	ich wollte
fällägh	du *(m)* wolltest
fällägsch	du *(w)* wolltest
fällägä	er / es wollte
fällägättsch	sie wollte
Mehrzahl	
fällägn	wir wollten
fällägattschĭhu	ihr wolltet
fällägu	sie / Sie wollten

Schöne Aussicht auf das Dorf

mägzat ĭfällĭgallähu.
kaufen (ich-)will-bin
Ich will kaufen.

mägzat fälläghu.
kaufen (ich-)wollte
Ich wollte kaufen.

(kek) mäblat yĭfällĭgall.
(Kuchen) essen (er-)will-ist
Er will (Kuchen) essen.

(kek) mäblat fällägä.
(Kuchen) essen (er-)wollte
Er wollte (Kuchen) essen.

Modalverben – Der einfache Weg

mätschal (können)

Gegenwart

Einzahl	
ïtschïlallähu	ich kann
tïtschïlalläh	du *(m)* kannst
tïtschïyalläsch	du *(w)* kannst
yïtschïlall	er / es kann
tïtschïlallättsch	sie kann
Mehrzahl	
ïnnïtschïlallän	wir können
tïtschïlallattschïhu	ihr könnt
yïtschïlallu	sie / Sie können

Vergangenheit

Einzahl	
tschalku	ich konnte
tschalk	du *(m)* konntest
tschalsch	du *(w)* konntest
tschalä	er / es konnte
tschalättsch	sie konnte
Mehrzahl	
tschalïn	wir konnten
tschalattschïhu	ihr konntet
tschalu	sie / Sie konnten

Satzergänzungen

Das amharische Hauptwort kennt zwar im Prinzip einen Wen-Fall für das Objekt (Satzergänzung), ausgedrückt mit der Endung -(ï)n. Dieser ist aber nicht obligatorisch. Für Anfänger ist es völlig in Ordnung, die Form des Hauptworts unverändert zu belassen:

Diese Endung tritt meist in Kombination mit der Artikel-Endung -u / -wa auf, oder wenn ein hinweisendes oder besitzanzeigendes Fürwort das Hauptwort begleitet.

set / setwan ïyallähu.	**schay yït'ät'all.**
Frau (ich-)sehe-bin	*Tee (er-)trinkt-ist*
Ich sehe die Frau.	Er trinkt Tee.

Will man ein als Satzergänzung dienendes Hauptwort durch ein Fürwort ersetzen („Ich sehe die Frau“ wird zu „Ich sehe sie“), muss man allerdings doch die besagte Endung -n an das entsprechende persönliche Fürwort anhängten. Dies ist dann notwendig.

Dies ist jedenfalls die bei weitem einfachere Methode, Fürwörter als Satzergänzung auszudrücken. Es gibt nämlich auch Verbendungen bzw. ins Verbinnere integrierte Fürwortmarker (gebundene Formen) für diesen Zweck. Die Situation ist vergleichbar mit den zwei Strategien zum Ausdruck der besitzanzeigenden Fürwörter.

Einzahl	
ïne (ich)	**ïnen** (mich, mir)
antä (du, *männl.*)	**antän** (dich, dir), *männl.*)
antschi (du, *weibl.*)	**antschin** (dich, dir, *weibl.*)
ïssu (er / es)	**ïssun** (ihn / es, ihm)
ïsswa (sie)	**ïsswan** (sie, ihr)
ïrswo (Sie)	**ïrswon** (Sie, Ihnen)
Mehrzahl	
ïña (wir)	**ïñan** (uns)
ïnnantä (ihr)	**ïnnantän** (euch)
ïnnässu (sie, Sie)	**ïnnässun** (sie / Sie, Ihnen)

ïsswan ïyallähu.
sie (ich-)sehe-bin
Ich sehe sie.

ïssun yït'ät'all.
ihn (er-)trinkt-ist
Er trinkt ihn.

ïrswon awk'allähu.
Sie (ich-)kenne-bin
Ich kenne Sie.

ïnnantän awk'allän.
euch (wir-)kennen-sind
Wir kennen euch.

Sollte der Satz zwei Ergänzungen haben („Ich zeige meiner Frau das Haus"), spricht man von einer direkten Satzergänzung (Frage „wen oder was?": „das Haus") und einer indirekten (Frage „wem?": „meiner Frau"). Im Amharischen steht die indirekte Satzergänzung zuerst. Sie wird gebildet, indem man die Präposition lä- (für) als Vorsilbe vor das entsprechende Hauptwort (bzw. Eigennamen) oder das Fürwort stellt:

lämiste bet asayyallähu.
für-Ehefrau-mein Haus (ich-)zeige-bin
Ich zeige meiner Frau das Haus.

läPeter dabbo ïnnïsät'allän.
für-Peter Brot (wir-)geben-sind
Wir geben Peter das Brot.

Fragen

Man unterscheidet zwischen Entscheidungsfragen und Ergänzungsfragen.

Entscheidungsfragen

Entscheidungsfragen sind Fragen, bei denen man eine Antwort mit awo (ja) oder ay (nein) erwartet. Sie werden deshalb auch „Ja-Nein-Fragen" genannt. Außer der Stimmhöhe, die wie im Deutschen am Satzende etwas ansteigt, ändert sich im Vergleich zum Aussagesatz gar nichts. Der Satzbau bleibt unverändert.

yïh awtobïs wädä ... yïhedall?
dieser Bus zu ... (er-)geht-ist
Fährt dieser Bus nach ...?

yïh awtobïs wädä ... yïhedall.
dieser Bus zu ... (er-)geht-ist
Dieser Bus fährt nach ...

hullum dähna nattschäw?
ganz gut (sie-)sind
Geht es allen gut?

hullum dähna nattschäw.
ganz gut (sie-)sind
Es geht allen gut.

Fragen

Eine Eigenart, die anfangs etwas verwirrend sein kann, ist die Antwort „ja!“, wenn man auf eine negativ formulierte Frage bestätigend antwortet:

bäwïnät bota yälläm?
mit-Wahrheit Platz ist-nicht
Gibt es wirklich keinen Platz mehr?

Wird auf diese Frage mit awo! „ja!“ geantwortet, heißt dies dann auf Deutsch: „Nein, es gibt keinen Platz mehr“!

säw almätt'am?
Person nicht-kam
Ist niemand gekommen?

awo!
ja
Nein!

Ergänzungsfragen

Ergänzungsfragen werden mit Fragewörtern gebildet, die immer am Satzanfang stehen.

man?	wer?
mïn?	was?
ïndet?	wie?
lämïn?	warum?
yet? / käyet? / wädet?	wo? / woher? / wohin?
sint?	wie viel?
mätsche?	wann?

man näw?
wer ist
Wer ist das?

yet tïnoriyalläsch?
wo (du(w)-)lebst-bist
Wo wohnst du *(w)*?

lämïn wädä ... attïhedïm?
für-was zu ... nicht-(du(m)-)gehst
Warum fährst du nicht nach ...?

ïndet yïsärall?
wie (es-)arbeitet-ist
Wie geht das?

Verhältniswörter

Es gibt im Amharischen einfache und zusammengesetzte Verhältniswörter. Einige der einfachen Verhältniswörter stehen als Vorsilbe vor dem Wort, auf das sie sich beziehen:

bä-	mit (Hilfe von), durch
ï-	in
kä-	von (her), aus
lä-	für
wädä-	zu, nach *(Richtung)*

bämäkina yïmät'all.
mit-Auto (er-)kommt-ist
Er kommt mit dem Auto.

ïbet allä.
in-Haus (er-)ist
Er ist im Haus.

käBahïr Dar yïmät'all.
von-Bahïr Dar (er-)kommt-ist
Er kommt von Bahïr Dar.

wädäbet tämällässä.
zu-Haus (er-)umkehrte
Er kehrte nach Hause zurück.

Andere Verhältniswörter werden immer nachgestellt. Sie folgen also dem Wort, auf das sie sich beziehen (sog. Postpositionen):

lay	auf, über
wïst'	in, drinnen
wïttsch'	außerhalb, draußen

mängäd lay
auf der Straße

borsa wïst'
in der Tasche

Die dritte Gruppe sind die zusammengesetzten Verhältniswörter, die einen Rahmen bilden. Vorn steht eine Vorsilbe (wie bei der ersten Gruppe), und nach dem entsprechenden Bezugswort folgt eine Postposition als separates Wort. Weil die Vorsilben den Sinn kaum beeinträchtigen, kann man immerzu die gleiche verwenden (z. B. kä- oder auch ï-):

kä- ... dschämmïro	von ... anfangend
kä- ... bälay	über
kä- ... sïr	unter
kä- ... gar	mit *(Person)*
kä- ... fit	vor *(örtl.)*
kä- ... bäfit	vor *(zeitl.)*
kä- ... dschärba	hinter *(örtl.)*
kä- ... bäwhala	nach *(zeitl.)*

käbet fit
vor dem Haus

käbet dschärba
hinter dem Haus

Bindewörter

Wo zwei Satzteile aufeinander folgen, kann ein Bindewort die Beziehung herstellen, wie z. B. „und" (A und B). Anders als im Deutschen wird „und" jedoch an den ersten Teil der Satzteilverknüpfung wie eine Endung direkt angehängt („A-und B"). Die übrigen Bindewörter stehen aber wie gewohnt als separate Wörter zwischen den zu verknüpfenden Satzteilen.

-nna / -ïnna (und)

Endet das erste der zu verknüfenden Hauptwörter auf einen Vokal, steht -nna, endet es auf einen Konsonant, so nimmt man -ïnna.

mäkinanna bet
Auto und Haus

betïnna mäkina
Haus und Auto

yässwa betïnna yäne bet
von-sie Haus-und von-ich Haus
ihr Haus und mein Haus

schayïnna bunna yälläm.
Tee-und Kaffee nicht-ist
Tee und Kaffee gibt's nicht.

Bindewörter

Typische Rundhütte (tukul)

wäyïm / wäyïss (oder)

Hier wird nach der Art des Satzes unterschieden. Im Aussagesatz steht wäyïm, im Fragesatz steht wäyïss.

bunna wäyïss schay?
Kaffee oder Tee
Kaffee oder Tee?

zare wäyïm nägä ïhedallähu.
heute oder morgen (ich-)gehe-bin
Heute oder morgen gehe ich.

gïn (aber) / bïttscha (nur, jedoch)

t'ïru näw gïn / bïttscha ïne alfällïgïm.
gut (es-)ist aber / nur ich nicht-will
Es ist schön, aber ich will nicht.

Zahlen & Zählen

Das Zahlensystem ist ähnlich wie im Deutschen aufgebaut. Das Lernen beschränkt sich hier auf die Zahlen von 0 bis 9, auf die Zehner und auf die Ausdrücke für Hundert und Tausend.

Grundzahlen

0	**bado / zero**	6	**siddïst**
1	**and**	7	**säbatt**
2	**hulätt**	8	**simmïnt**
3	**sost**	9	**zät'äñ**
4	**aratt**	10	**assïr**
5	**ammïst**		

Die Zahlen von 11 bis 19 werden gebildet, indem man an eine Verkürzung von assïr, nämlich asra (eigentlich ursprünglich assïrïnna „zehn-und") die Einer anhängt.

11	**asraand**	30	**sälasa**
12	**asrahulätt**	40	**arba**
13	**asrasost**	50	**hamsa**
	usw.	60	**sïlsa**
20	**haya**	70	**säba**
21	**hayaand**	80	**sämaña**
22	**hayahulätt**	90	**zät'äna**
	usw.	100	**(and) mäto**

135	**mäto sälasaammïst**
200	**hulätt mäto**
300	**sost mäto**
1000	**(and) schi**
2000	**hulätt schi**
3000	**sost schi**
10.000	**assïr schi**
20.000	**haya schi**
100.000	**mäto schi**
210.000	**hulätt mäto assïr schï**
1.000.000	**and mïllyon**

Ordnungszahlen

Die Ordnungszahlen werden mit Hilfe der Endung -äña gebildet, die man an die jeweilige Zahl anhängt.

andäña	erste(r, -s, -ns)
hulättäña	zweite(r, -s, -ns)
sostäña	dritte(r, -s, -ns)
arattäña	vierte(r, -s, -ns) *usw.*

Bruchzahlen

Die Bruchzahlen werden aus der Kombination von „normalen" Zahlen (für den Zähler) und Ordnungszahlen (für den Nenner) gebildet.

and hulättäña	1/2
and sostäña	1/3
hulätt sostäña	2/3
and arattäña	1/4
sost arattäña	3/4
and assïräña	1/10

Uhr- & Tageszeit

Etwas gewöhnungsbedürftig ist die Zeitangabe. Haben Sie eine Verabredung um äthiopisch „6 Uhr", dann ist damit europäisch 12 Uhr gemeint. Wenn ein Termin tatsächlich auf „12 Uhr" angesetzt ist, dann müssen Sie unbedingt klären, ob Sie es mit einem Frühaufsteher zu tun haben, oder ob die Zeit kurz vor Sonnenuntergang gemeint ist. Um sich an diese „morgenländische" Zeitrechnung zu gewöhnen, stellt man sich am einfachsten den europäischen Stundenzeiger verlängert vor – in die Gegenrichtung!

sïnt sä'at näw?
wie-viel Uhr ist
Wie spät ist es?

hulätt sä'at kassïr dek'ïk'a näw.
zwei Uhr von-zehn Minuten ist
Es ist 2 Uhr und 10 Minuten.

Eine häufig zu hörende Kurzform:

aratt kähaya
vier von-zwanzig
4 Uhr 20
(*für uns:* 10 Uhr 20)

sä'at yälläm.
Uhr nicht-ist
Ich habe keine Uhr.

Kalender

„13 Monate Sonnenschein" lautet ein Werbespruch des nationalen Reiseveranstalters. Dieser Werbegag basiert auf der Zeitrechnung in Äthiopien, die immer noch nach dem Julianischen Kalender bestimmt wird.

Auch nach diesem Kalender hat das Jahr 365 Tage. Es beginnt jedoch normalerweise am 11. September, und man verteilt hier konsequent 30 Tage auf die Monate. Die restlichen fünf Tage (bzw. sechs in einem Schaltjahr) ergeben den 13. Monat. Der Julianische Kalender lässt seine Zeitrechnung 8 vor Christus beginnen. Aber man ist es in Äthiopien gewohnt, dass Gäste aus dem Ausland mit einem anderen Datum leben. Die „äthiopischen" Monate haben einen eigenen Namen; spricht man von „unserem" Kalender, werden die englischen Monatsnamen verwendet.

sammïnt – k'än	Woche – Tag
sä'at – dek'ïk'a	Stunde – Minute

säño	Montag
maksäño	Dienstag
rob	Mittwoch
hamus	Donnerstag
arb	Freitag
k'ïdame	Samstag
ïhud	Sonntag

zare / nägä / känägä wädïya
heute / morgen / von-morgen jenseits
heute / morgen / übermorgen

tïnant / kätïnant wädïya
gestern / von-gestern jenseits
gestern / vorgestern

bämmik'ät'ïläw k'än
in-welch-(er-)folgt-der Tag
am nächsten Tag

band sammïnt wïst'
mit-eine Woche drinnen
innerhalb einer Woche

wärottsch (Monate)

mäskäräm	der 1. Monat des Äthiopischen Kalenders; er beginnt nach unserem Kalender am 11. September und endet am 10. Oktober
t'ïk'ïmt'	11.10. – 09.11.
hïdar	10.11. – 09.12.
tahïsas	10.12. – 08.01.
t'ïrr	09.01. – 07.02.
yäkatit	08.02. – 09.03.
mäggabit	10.03. – 08.04.
miyazïya	09.04. – 08.05.
gïmbot	09.05. – 07.06.
säne	08.06. – 07.07.
hamle	08.07. – 06.08.
nähase	07.08. – 05.09.
p'agume	06.09. – 10.09.

oder bis 11.09. in einem Schaltjahr

balläfäw sammïnt
mit-vergangen-die Woche
vergangene / letzte Woche

bämmik'ät'ïläw sammïnt
mit-welch-(er-)folgt-die Woche
in der kommenden Woche

käsost k'än bäfit / käsost k'än bähwala
von-drei Tag vor / von-drei Tag nach
vor drei Tagen / in drei Tagen

k'än gize / lelit gize
Tag Zeit / Nacht Zeit
tagsüber / nachts

t'wat gize / mata gize
Morgen Zeit / Abend Zeit
morgens / abends

käsä'at bäfit / käsä'at bähwala
von-Zeit vor / von-Zeit nach
vormittags / nachmittags

bäyyäk'änu
mit-immer-Tag
täglich

Regelmäßige Zeitangaben kann man auch mit der Verdopplung des Wortes ausdrücken:

k'än k'än
Tag Tag
jeden Tag / täglich

rob rob
Mittwoch Mittwoch
jeden Mittwoch / mittwochs

January and / February hulätt / March sost
der erste Januar / der zweite Februar / der dritte März

bämäskäräm and
mit-Mäskäräm eins
am 1. Mäskäräm

= am 11. September/ Jahresbeginn

mätsche näw yämätt'ut / yämätt'ah / yämätt'asch?
wann ist welch-(Sie-)kommen-der / welch-(du(m)-) kommst / welch-(du(w)-)kommst
Wann sind Sie / bist du *(m)* / bist du *(w)* eingereist?

mïn yahïl gize k'oytäwall / k'oytähall / k'oytäschall?
was ungefähr Zeit (Sie-)dauern-sind / (du(m)-)dauerst-bist / (du(w)-)dauerst-bist
Wie lange sind Sie / bist du *(m)* / bist du *(w)* hier?

yïhe hulättäña wär näw.
dies zweiter Monat ist
Schon den zweiten Monat.

k'ïrb gize ïggwazallähu.
nahe Zeit (ich-)reise-bin
Bald reise ich ab.

känägä wädïya tïggwazalläh / tïggwaziyalläsch?
von-morgen jenseits (du(m)-)reist-bist / (du(w)-)reist-bist
Übermorgen reist du *(m/w)* ab?

awo, kähulätt k'än bähwala / bäïhud / bäsäño ïhedallähu.
ja von-zwei Tag mit-danach / mit-Sonntag / mit-Montag (ich-)gehe-bin
Ja, in zwei Tagen / am Sonntag / am Montag gehe ich.

Junge Stammesangehörige der Tsamai (Südwestäthiopien)

Kurz-Knigge

Jeder Fremde, der ein Land besucht, genießt anfangs eine gewisse Narrenfreiheit, und ihm wird vieles verziehen in dem Bewusstsein, dass jedes Land seine eigenen Sitten und Bräuche hat. Wer Interesse an den Menschen zeigt, wird sehr schnell merken, was angebracht ist und was nicht. Ein äthiopisches Sprichwort sagt:

angät yätäsärraw,
Hals welch-(er-)ist-gemacht-der
Wofür ist der Hals da?

zuro lämayät näw.
drehend für-sehen (er-)ist
Damit wir uns umsehen!

Kleidung

Zu festlichen Anlässen sollte man nicht in offensichtlicher Alltagskleidung erscheinen. Das ist respektlos, wenn zum gleichen Anlass Äthiopier sich in Schale schmeißen. Generell wird in Äthiopien verhältnismäßig mehr Geld für Kleidung ausgegegen als z. B. in Europa. Frauen sollten auf Miniröcke oder ärmellose Blusen verzichten. Wer es sich leisten kann, achtet auf sauberes Schuhwerk. In den großen Städten herrscht an verschiedenen Ecken der Konkurrenzkampf der „shoeshine boys" (listro), die sich über einen Auftrag freuen.

Grüßen

Zur Begrüßung gibt man sich die rechte Hand. Bei alten Leuten oder Respektspersonen unterstützt die linke Hand den rechten Arm beim Händedruck. Seien Sie höflich zu alten Leuten; ihnen wird (nicht nur) in Äthiopien großer Respekt entgegengebracht. Verwenden Sie bei der Anrede älterer Männer, deren Namen Sie nicht kennen, das Wort gasche, bei Frauen imamma. Die gewöhnliche Anrede für Männer ist ato, für Frauen woizero, und für jüngere oder unverheiratete Frauen woizerit. Grüßen Sie lieber einmal zu viel als einmal zu wenig. Das gilt allerdings nicht für Kinder und Jugendliche.

Freundlichkeit

Bleiben Sie in schwierigen Situationen freundlich aber bestimmt. Wenn Sie sich aufregen, machen Sie sich nur lächerlich und erreichen nichts. Verwenden Sie keine beleidigenden Schimpfworte. Sie werden sonst ernste Schwierigkeiten bekommen:

käaf yäwätt'a k'al,
von-Mund welch-(es-)hinausging Wort
Ein Wort, dem Mund entwischt,

käiddsch yäwäddäk'ä ink'ulal.
von-Hand welch-(es-)fiel Ei
ist wie ein Ei, der Hand entfallen.

auf Ämtern

Auf Ämtern, Behörden, Polizei nützt es nichts, sich aufzuregen – zumal die Beamten in Äthiopien vergleichsweise effektiv arbeiten. Bedenken Sie bei Wartezeiten, dass die Beamten in Addis Abeba eine Menge Arbeit haben, da Addis Abeba der zentrale Dreh- und Angelpunkt des Landes ist.

Höflichkeit

Bei einer Einladung sollten Sie Essen oder Trinken nicht ablehnen. Es reicht, wenn Sie ein wenig probieren. Versuchen Sie aber auch nicht, den Teller leer zu essen, denn das bedeutet dem Gastgeber, dass Sie noch nicht satt sind. Ihr Teller wird im Nu wieder gefüllt sein. Wenn Sie sich unwohl fühlen oder offensichtlich gerade gespeist haben, ist eine Ablehnung durchaus akzeptabel. Der Gastgeber wird trotzdem – wie es die Höflichkeit gebietet – noch mehrmals versuchen, Ihnen etwas anzubieten. Wenn Sie Ihrerseits jemandem etwas anbieten, geben Sie sich nicht mit dem ersten „nein“ zufrieden. Die anfängliche Ablehnung ist ein Teil des Höflichkeitskodex. Bieten Sie mehrmals die Möglichkeit zu einer Einwilligung.

die linke Hand

Die linke Hand gilt als unrein und wird weder zum Essen noch zur Begrüßung benutzt. Eine volkstümliche Erklärung dafür bietet Eva, die den „Apfel der Weisheit“ mit der linken Hand gepflückt haben soll.

Kirche

Die orthodoxe Kirche hat immer eine wichtige Rolle in der Geschichte Äthiopiens gespielt. Sie war der größte Landbesitzer, bestimmte die Thronfolge entscheidend mit und war ein wichtiger Faktor für die Integration des Landes. Die Kirche spielt auch im gesellschaftlichen Alltag eine große Rolle. Die wichtigsten Feiertage sind kirchlich; die entscheidenden Familienereignisse wie Hochzeit, Taufe oder Begräbnis sind eng mit der Kirche verknüpft.

Viele der Kirchen des Landes sind sehenswert. Die in den Fels gehauenen Kirchen von Lalibela sind zum Weltkulturerbe erklärt worden und stellen eine der Hauptanziehungspunkte für Touristen dar. Im Allgemeinen kann man die Kirchen auch als nicht orthodoxer Christ (ohne Schuhe!) betreten.

Genussmittel

Alkohol wird in fast allen Restaurants und Kneipen ausgeschenkt, und sein Genuss gilt nicht, wie in überwiegend islamischen Staaten, als verwerflich. In Äthiopien gibt es mehrere Brauereien und einen Weinanbau, der einige international preisgekrönte Weine hervorbringt. Zu verschiedenen Zeiten in der äthiopischen Geschichte war der Genuss von Tabak verboten. Auch heute ist in einigen Teilen Äthiopiens das Rauchen verpönt. Frauen, die in der Öffentlichkeit rauchen, werden mit Prostitution assoziiert.

Anders bei den äthiopischen Muslimen: Sie haben nichts gegen das Rauchen, wohl aber gegen den Alkohol. Ein weiteres Genussmittel ist tsch'at, das hauptsächlich von Muslimen gekaut wird, die es wegen seiner aufputschenden Wirkung schätzen. In der Öffentlichkeit wird es allerdings nicht gern gesehen.

alleinreisende Frauen

In Äthiopien stellt es kein Problem dar, als Frau alleine auf Tour zu gehen. Wenn Sie

Fragen haben oder irgendwelche Probleme auftauchen, wenden Sie sich an mitreisende oder umstehende Frauen. Spricht man ein Ehepaar an, empfiehlt es sich für eine Frau, die Frau anzusprechen. Ebenso sollte ein Mann einen Ehemann nicht „übergehen", indem er sich in dessen Anwesenheit erst an dessen Ehefrau wendet.

Trinkgeld

Trinkgeld für einen guten Service ist immer angebracht und wird gerne angenommen. Es gibt keine Faustregel über die Höhe des Trinkgeldes. Auch irgendwelche Prozentzahlen helfen nicht. Trinkgeld sollte nicht als eine Verpflichtung gegenüber einer bestimmten Berufsgruppe betrachtet werden, sondern als eine freundliche Geste zwischen zwei Personen.

Körpersprache

In Äthiopien gibt man sich zur Begrüßung die Hand und deutet gleichzeitig eine Verbeugung an. Diese kurze Verbeugung ist Ausdruck von Respekt, den man jemandem entgegenbringt, ohne viele Worte zu machen. So verneigen sich auch Gläubige vor Kirchen, wenn sie im Vorbeigehen kurz innehalten und sich bekreuzigen. Wenn Sie von einem Bettler allzu eindringlich um ein wenig Kleingeld gebeten werden, können Sie mit einer kurzen Verbeugung oder einem knappen Kopfsenken deutlich machen, dass Sie das Anliegen registriert haben, aber im Moment nicht darauf eingehen können oder wollen.

Gut eingehüllt vor dem tukul

Ein Ausdruck tiefsten Respekts und unterwürfiger Dankbarkeit ist das Küssen der Füße. Diese Geste mag etwas befremden – und es fällt schwer, angemessen darauf zu reagieren. Allerdings ist sie nicht mehr so häufig zu beobachten wie früher.

Viele der üblichen Gesten und Handzeichen sind auch uns geläufig: Der erhobene Zeigefinger, der, um ein „nein" anzudeuten, hin und her bewegt wird, das Heranwinken einer Person, oder auch die gehobene, geöffnete Handfläche für „Warte!" sind auch bei uns Teil der non-verbalen Verständigung.

Begrüßen

Mit einem Smartphone können Sie sich die mit einem 𝄢 gekennzeichneten Sätze dieses Kapitels anhören. Scannen Sie einfach den QR-Code mit Hilfe einer kostenlosen App (z. B. „Barcoo" oder „Scanlife").

Mit einem kurzen „Hallo" oder einem „Guten Tag" ist es bei einer Begrüßung nur selten getan. Vielmehr werden mehrere Begrüßungsformeln ausgetauscht. Es kann bei der Begrüßung bleiben, aber sie kann auch ein Gespräch einleiten, in dessen Verlauf die Begrüßungsformeln wieder aufgenommen werden können. Die Fragen nach dem Befinden und der Gesundheit, werden grundsätzlich positiv beantwortet, auch wenn das nicht der Wirklichkeit entspricht. Wenn Sie auf jemanden treffen, der Englisch mit Ihnen sprechen will, können Sie die Formeln abgewandelt in diese Sprache übertragen.

Grußformeln

t'ena yïst'ïllïñ.
Gesundheit (er-)gebe-für-mich
Guten Tag. *(Gruß)*

t'ena yïst'ïllïñ.
Gesundheit (er-)gebe-für-mich
Guten Tag. *(Antwort)*

ïndämïn not?
wie (Sie-)sind
Wie geht es Ihnen? *(Gruß)*

ïndämïn näh / näsch?
wie (du(m)-)bist / (du(w)-)bist
Wie geht es dir *(m/w)*?

dähna näñ.
gut (ich-)bin
Mir geht es gut. *(Antwort)*

dähna not / näh / näsch?
gut (Sie-)sind / (du(m)-)bist / (du(w)-)bist
Geht es Ihnen / dir *(m/w)* gut?

ïne dähna näñ / ïña dähna nän.
ich gut (ich-)bin / wir gut (wir-)sind
Mir / uns geht es gut.

Sind einige dieser Grüße gewechselt worden, kann man sich nach der Familie erkundigen:

yäïnnantä betäsäb dähna nattschäw?
von-euch Familie gut (sie-)sind
Geht es eurer Familie gut?

yantä mist dähna nättsch?
von-dir(m) Ehefrau gut (sie-)ist
Wie geht es deiner Frau?

yantschi bal dähna näw?
von-dir(w) Besitzer gut (er-)ist
Wie geht es deinem Mann?

lïdschottsch ïndet nattschäw?
Kinder wie (sie-)sind
Wie geht es den Kindern?

hullum dähna nattschäw.
ganz gut (sie-)sind
Allen geht es gut.

Begrüßen

Einen alten Freund kann man folgendermaßen begrüßen:

ïndämïn sänäbbätïh / sänäbbätïsch?
wie (du(m)-)verbrachtest / (du(w)-)verbrachtest
Wie hast du *(m/w)* die Zeit verbracht?

yet t'äffah / t'äffasch?
wo (du(m)-)fehltest / (du(w)-)fehltest
Wo hast du *(m/w)* bloß gesteckt?

allähu.
(ich-)bin
Ich bin (doch) hier.

ïndet alayyähuhïm?
wie nicht-(ich-)sah-dich(m)
Wieso habe ich dich nicht gesehen?

Wenn jemand verreist war:

ïnkwan dähna mätt'attschïhu / mätt'u / mätt'ah / mätt'asch!
willkommen gut (ihr-)kamt / (Sie-)kamen / (du(m)-)kamst / (du(w)-)kamst
Willkommen! *(ihr / Sie / du (m/w))*

guzo ïndet näbbär?
Reise wie war
Wie war die Reise?

mïn addis nägär allä?
was neu Angelegenheit ist
Was gibt es Neues?

Grüße zum Abschied

dähna hun / huñi / hunu!
gut sei(m) / sei(w) / seien(-Sie)
Auf Wiedersehen! *(du (m/w) / Sie)*

dähna wal / way / walu!
gut bleibe(m) / bleibe(w) / bleiben(-Sie)
Auf Wiedersehen! *(du (m/w) / Sie)*

mälkam guzo!
gut Reise
Gute Reise!

dähna ïdär / ïdäri / ïdäru!
gut schlafe(m) / schlafe(w) / schlafen(-Sie)
Gute Nacht! *(du (m/w) / Sie)*

Wenn man sich von Bekannten oder Gleichaltrigen verabschiedet, kann man auch das italienische tschaw verwenden.

Danken & Bitten

Ein „danke“ kann man im Alltag in etwa ebenso verwenden wie im Deutschen, auch wenn das Danken und Bitten nicht so häufig und floskelhaft wie z. B. in Deutschland angewendet wird. Höflichkeit definiert sich hier nicht über eine sprachliche Äußerung von „danke“ und „bitte“. Das Wort für „bitte“ wird sogar sehr selten und in nur dringenden Fällen benutzt, bzw. wenn etwas mit großem Nachdruck gefordert wird.

Mit einem Smartphone können Sie sich die mit einem gekennzeichneten Sätze dieses Kapitels anhören.

bät'am amäsäggïnallähu.
sehr (ich-)bedanke-bin
Vielen Dank.

(bät'am) ïgzer yïst'ïllïñ.
(sehr) Gott (er-)gebe-für-mich
Danke. / Ich danke Ihnen (sehr).

(läzzih) bät'am amäsäggïnallähu.
(für-hier) sehr (ich-)bedanke-bin
Vielen Dank (dafür).

ay, ayasfällïgïm.
nein nicht-nötig-ist
Nein, es ist nicht nötig.

mïnïm aydälläm!
nichts ist-nicht
Gern geschehen! / Keine Ursache!

Wenn Sie jemanden im Vorübergehen um eine kurze Auskunft bitten, können Sie die Bitte so einleiten:

ïbakkïwo / ïbakkïh / ïbakkïsch!
bitte-Sie / bitte-dich(m) / bitte-dich(w)
Bitte! *(du (m/w) / Sie)*

ïbakkïwo yïrduñ / ïbakkïh ïrdañ / ïbakkïsch ïrdschïñ!
bitte-Sie (Sie-)mögen-helfen-mir / bitte-dich(m) hilf(m)-mir / bitte-dich (w) hilf(w)-mir
Bitte, können Sie / kannst du *(m/w)* mir helfen?

Segnen

Besonders in christlichen Gebieten auf dem Land spielt der Segen von älteren Leuten eine große Rolle und gehört zum Alltag. Hier zwei häufig zu hörende Danksagungen:

ïgzer yïst'ïwo / yïst'ïh / yïst'ïsch!
Gott (er-)gebe-Ihnen / (er-)gebe-dir(m) / (er-)gebe-dir(w)
Möge Gott es Ihnen / dir *(m/w)* geben!

ïgzer yïmarïh / yïmarïsch / yïmarïwo!
Gott (er-)erbarme-dir(m) / (er-)erbarme-dir(w) / (er-)erbarme-Ihnen
Möge Gott helfen! *(bei Krankheit)*

Wünschen & Wollen

min tïfällïgalläh / tïfällïgiyalläsch / yïfällïgallu?
was (du(m)-)willst-bist / (du(w)-)willst-bist / (Sie-)wollen-sind
Was möchtest du *(m/w)* / möchten Sie?

... ïfällïgallähu.
... (ich-)will-bin
Ich möchte ...

and nägär mägzat ïfällïgallähu.
eine Sache kaufen (ich-)will-bin
Ich möchte etwas kaufen.

Sich entschuldigen

Das Wort yïk'ïrta wird ähnlich wie das deutsche Wort „Entschuldigung" verwendet. Es wird auch benutzt, um jemandes Aufmerksamkeit auf sich zu lenken, ähnlich wie mit „Hallo!"

yïk'ïrta!
Verzeihung
Entschuldigung!

ïbakkïwo yïk'ïrta!
bitte-Sie Verzeihung
Entschuldigen Sie bitte!

gïdd yälläm.
Verpflichtung nicht-ist
Das macht nichts.

mïnïm aydälläm.
nichts nicht-ist
Das ist doch nichts.

Zu Gast sein

Sicherlich werden Sie in den Genuss einer Einladung kommen. Sollten Sie ausdrücklich zum Essen eingeladen worden sein, dann bringen Sie Hunger mit, denn es wird aufgefahren. Es wird dafür gesorgt, dass Sie nicht eher aufhören zu essen, bis Sie mehr als satt sind.

Von besonders höflichen Gastgebern werden Sie einen traditionellen gurscha erhalten. Der Gastgeber wird Ihnen eigenhändig einige ausgesuchte Leckerbissen in den Mund stecken. Hier können Sie kaum ablehnen! Bei jedem Besuch, ob angemeldet oder nicht, wird

immer etwas zu trinken angeboten. Oft sind die Gastgeber glücklich, wenn Sie eine Einladung zum Essen annehmen. Natürlich können Sie ablehnen, aber Ihr Gastgeber wird versuchen, Sie umzustimmen.

Da die äthiopischen Nationalgerichte mit der (rechten) Hand gegessen werden und traditionellerweise Gastgeber und Gäste gemeinsam von derselben Platte essen, gilt es als sehr unfein, während des Essens die Haare – zu welchem Zweck auch immer – mit der Hand anzufassen. Im Übrigen ist das „Haare-Raufen" ein Ausdruck der Trauer. Bei einem gemeinsamen Essen soll aber gefeiert und nicht getrauert werden.

gïba! / gïbi!
eintritt(m/w)
Komm *(m/w)* herein!

ïschschi, t'ïru!
okay gut
Also gut!

tadïyass?
dann-à-propos
Nun, was gibt's?

ïndet näw?
wie ist
Wie ist es denn so?

ay, gize yällänïm.
nein Zeit nicht-ist-mir
Nein, ich habe keine Zeit.

mätsche yït'äyyïk'uñall / tït'äyyïk'äñalläh / tït'äyyïk'iñalläsch?
wann (Sie-)besuchen-mich-sind /
(du(m)-)besuchst-mich-bist /
(du(w)-) besuchst-mich-bist
Wann kommen Sie / kommst du *(m/w)* mich besuchen?

nägä na / nu / nai!
morgen komm(m) / komm(w) / kommen(-Sie)
Komm *(m/w)* / kommen Sie doch morgen!

nägä ayschschalïm?
morgen nicht-(es-)ist-besser-ist
Warum nicht lieber morgen?

nägä bïmät'a däss yïläñall.
morgen wenn-(ich-)komme glücklich (es-)sagt-mir-ist
Morgen komme ich gerne.

äthiopische Zählung: 6 Uhr

bäsïnt sä'at?
mit-wie-viel Uhr
Um wieviel Uhr?

bäsïddïst sä'at.
mit-sechs Uhr
Um 12 Uhr

Die Uhrzeit ist eher eine zeitliche Orientierungshilfe als ein exakter Termin. Von „Westlern" weiß man allerdings, dass sie sich an Uhrzeiten halten, und man richtet sich danach – aber nur in etwa.

ïbakkïwo, yïkk'ämmät'u!
bitte-Sie setzen-sich(-Sie)
Bitte nehmen Sie Platz!

k'uttsch' bäl / k'uttsch' bäi!
sitzen sag(m) / sitzen sag(w)
Setz dich! *(m/w)*

mïn mät'ätt'at tïfällïgalläh / tïfällïgiyalläsch?
was trinken (du(m)-)willst-bist / (du(w)-)willst-bist
Was möchtest du *(m/w)* trinken?

wïha yïfällïgallu?
Wasser (Sie-)wollen-sind
Haben Sie Durst?
(*wörtl.:* Möchten Sie Wasser?)

awo, ïfällïgallähu.
ja (ich-)will-bin
Ja, gern.

t'älla wäyïss t'äddsch yït'ät'allu?
Bier oder Met (Sie-)trinken-sind
Trinken Sie Bier oder Met?

alkol alt'ätt'am.
Alkohol nicht-(ich-)trinke
Nein, nichts Alkoholisches.

wïha tït'ät'alläh / tït'ätsch'alläsch?
Wasser (du(m)-)trinkst-bist / (du(w)-)trinkst-bist
Trinkst du *(m/w)* Wasser?

mïgïb mäblat yïfällïgallu?
Essen essen (Sie-)wollen-sind
Möchten Sie etwas essen?

ïgzer yïst'ïllïñ, mïnïm ayasfällïgïm.
Gott (er-)gebe-für-mich nichts nicht-nötig-ist
Vielen Dank, ich möchte nichts.

mälkam mïgïb / k'urs / mïsa / mäksäs!
gut Essen / Frühstück / Mittagessen / Imbiss
Guten Appetit!

bïlu, t'ät'u!
essen(-Sie) trinken(-Sie)
Greifen Sie zu!

ayt'afät'ïm?
nicht-(es-)schmeckt
Schmeckt es nicht?

bät'am t'afatsch' näw.
sehr süß ist
Es ist sehr schmackhaft.

bät'am yït'afät'all.
sehr (es-)schmeckt-ist
Es schmeckt gut.

lela ... yïfällïgallu?
anderes ... (Sie-)wollen-sind
Möchten Sie noch etwas ...?

ïbakkïwo, tïnnïsch dabbo alläwot?
bitte-Sie wenig Brot ist-Ihnen
Haben Sie noch etwas Brot?

Unterhaltung nach dem Essen

yärswo lïdschottsch nattschäw?
von-Ihnen Kinder (sie-)sind
Sind das Ihre Kinder?

yärswo lïdsch näw / nättsch?
von-Ihnen Kind (er-)ist / (sie-)ist
Ist das Ihr Sohn / Ihre Tochter?

yäne lïdsch näw / nättsch.
von-mir Kind (er-)ist / (sie-)ist
Das ist mein(e) Sohn / Tochter.

yäña lïdschottsch nattschäw.
von-uns Kinder (sie-)sind
Das sind unsere Kinder.

sïnt amätu / amätwa näw?
wie-viel Jahr-sein / Jahr-ihr(w) ist
Wie alt ist er / sie?

yäne abbat näw / ïnnat nättsch.
von-mir Vater ist / Mutter ist
Das ist mein Vater / meine Mutter.

mïn aynät sïra alläwot / alläh / alläsch?
was Art Arbeit ist-Ihnen / ist-dir(m) / ist-dir(w)
Welchen Beruf haben Sie / hast du *(m/w)*?

yärswo baläbet ahun ïyyäsäru näw?
von-Ihnen Ehemann jetzt in-Arbeit ist
Ist Ihr Mann jetzt bei der Arbeit?

awo, gïn yïmät'all.
ja aber (er-)kommt-ist
Ja, aber er kommt gleich.

yärswo betäsäb yet yïnorallu?
von-Ihnen Familie wo (sie-)leben-sind
Wo lebt Ihre Familie / Eltern?

gät'är / käkätäma wïttsch' näw yämmïnorut.
Land / von-Stadt außen ist welch-(sie-)leben-das
Sie leben auf dem Land / außerhalb der Stadt.

Zeit zum Heimgehen

mämt'ate däss bïloñall.
kommen-mein glücklich gegessen-(mir-)ist
Ich bin gerne gekommen.

sïlä däggïnnätwo ïgzer yïst'ïllïñ!
wegen Freundlichkeit-Ihre Gott (er-)gebe-für-mich
Vielen Dank für die Gastfreundschaft!

minïm aydälläm.
nichts nicht-ist
Ach, das war doch gar nichts.

mätsche ïnnïggänañallän?
wann (wir-)treffen-sind
Wann treffen wir uns wieder?

nägä ... ïnnïggänañallän.
morgen ... (wir-)treffen-sind
Morgen sehen wir uns wieder.

sä'at reffdowall.
Stunde spät-ist
Es ist schon spät.

ahun mähede näw.	**ahun ïhedallähu.**
jetzt gehen-mein ist	*jetzt (ich-)gehe-bin*
Jetzt muss ich aber gehen.	Jetzt gehe ich.

bälu, t'ena yïst'ïllïñ!
sagen(-Sie) Gesundheit (er-)gebe-für-mich
Also, macht's gut!

Auf dem Land spielt sich das Familienleben in einem oder mehreren tukul *(kreisförmige Häuser) ab. In der Stadt passt man sich dem „moderneren" Lebensstil an. Die Familien sind teilweise kleiner oder teilen sich auf verschiedene Haushalte auf.*

Verwandtschaft & Bekanntschaft

Die soziale Organisation weist zwischen den verschiedenen Volksgruppen Äthiopiens große Unterschiede auf. Dennoch kann man allgemein sagen, dass Abstammung und Verwandtschaft die Grundlage für die Sozialordnung der verschiedenen Volksgruppen ist.

Kern der verwandtschaftlichen Strukturen ist die Familie bzw. die Großfamilie. Diese besteht selten aus weniger als zehn Mitgliedern und umfasst in der Regel drei Generationen. Die Abstammungs- und Erbfolgen der meisten Ethnien Äthiopiens sind patrilinear bestimmt, d. h. sie richten sich nach der Abstammungslinie des Vaters.

betäsäb	Familie	**ïndschära ïnnat** (*Brotmutter*)	Stiefmutter
ïnnat	Mutter	**ïndschära abbat** (*Brotvater*)	Stiefvater
abbat	Vater	**mist**	Ehefrau
set lïdsch	Tochter	**baläbet**	Ehemann
wänd lïdsch	Sohn	**yäwändïmm mist**	Schwägerin
ïhït	Schwester	**yäïhït bal**	Schwager
wändïmm	Bruder	**zämäd**	Verwandte(r)
akïst	Tante	**gwaddäña**	Freund(in)
agot	Onkel	**goräbet**	Nachbar
ayat	Großvater / -mutter		

Namen

Die Namen in Äthiopien lassen sich grob in drei Kategorien einteilen: in die typischen Namen der verschiedenen Volksgruppen Äthiopiens, in die Namen christlichen und muslimischen Ursprungs.

Kinder erhalten den Vornamen des Vaters als Nachnamen; ebenso hat der Vater den Vornamen seines Vaters zum Nachnamen.

Um jemanden anzusprechen, wird in jedem Fall der Vorname verwendet, auch im Zusammenhang mit der Anrede ato *oder* woizero *(„Herr" bzw. „Frau").*

Das erste Gespräch

Mit einem Smartphone können Sie sich die mit einem ꟹ gekennzeichneten Sätze dieses Kapitels anhören.

Während Ihres Aufenthaltes werden Ihnen von den verschiedensten Leuten immer wieder dieselben Fragen gestellt werden: „Wie heißen Sie?“, „Woher kommen Sie?“, „Was machen Sie?“, „Was macht die Familie?“. Der Vorteil: Sie werden bald imstande sein, auf diese Standardfragen eine Antwort zu geben – auf Amharisch. Mit ein paar Fotos in der Hand lässt sich vielleicht eine kleine Unterhaltung bestreiten.

ꟹ **inkwan dähna mätt'u!**
willkommen gut (Sie-)kamen
Willkommen!

ꟹ **käyet näw yämätt'ut?**
von-wo ist welch-(Sie-)kommen-das
Woher kommen Sie?

ꟹ **kädschärmän agär näw (yämätt'ahut).**
von-deutsch Land ist (welch-(ich-)kam-das)
Aus Deutschland (bin ich gekommen).

ꟹ **simwo man näw?**
Name-Ihr wer ist
Wie heißen Sie?

ꟹ **sime Hans näw.**
Name-mein Hans ist
Ich heiße Hans.

ꟹ **agäbtäwall?**
(Sie-)verheiratet-sind
Sind Sie verheiratet?

ꟹ **awo, agäbitschallähu.**
ja (ich-)verheiratet-bin
Ja, ich bin verheiratet.

ay, alagäbbahum.
nein nicht-(ich-)heiratete
Nein, ich bin nicht verheiratet.

lïdschottsch alläh / alläsch / alläwo?
Kinder ist-dir(m) / ist-dir(w) / ist-Ihnen
Hast du *(m/w)* / haben Sie Kinder?

awo, hulätt / sost lïdschottsch allañ.
ja zwei / drei Kinder ist-mir
Ja, ich habe zwei / drei Kinder.

foto alläwo?
Foto ist-Ihnen
Haben Sie ein Foto dabei?

yälläm.
nicht-ist
Nein.

ïngïda / turist näwo?
Gast / Tourist (Sie-)sind
Sind Sie Tourist?

awo, ïngïda / turist näñ
ja Gast / Tourist (ich-)bin
Ja, ich bin Tourist.

ay, aydällähum.
nein nicht-(ich-)bin
Nein, bin ich nicht.

ay, ïzzih ïsärallähu.
nein hier (ich-)arbeite-bin
Nein, ich arbeite hier.

mïn yahïl gize tïk'oyyalläh / tïk'oyyalläsch / yïk'oyyallu?
was ungefähr Zeit (du(m)-) / (du(w)-)wartest-bist / (Sie-)warten-sind
Wie lange bleibst du *(m/w)*? / Wie lange bleiben Sie?

mïn yahïl gize ïzzih tïnoralläh / tïnoriyalläsch / yïnorallu?
was ungefähr Zeit hier (du(m)-) / (du(w)-)lebst-bist / (Sie-)leben-sind
Wie lange bleibst du *(m/w)* hier? / Wie lange bleiben Sie hier?

yet näw yämmïttïnoräw / yämmïttïnoriw?
wo ist welch-(du(m)-)lebst-das / welch-(du(w)-)lebst-das
Wo wohnst du *(m/w)*?

Das erste Gespräch

yet näw yämmïttïnorut?
wo ist welch-(ihr-)lebt-das
Wo wohnt ihr?

yämmïnoräw K'era näw.
welch-(ich-)lebe-das K'era ist
Ich wohne in K'era.

sïnt amätïh näw?
wie-viel Jahr-dein ist
Wie alt bist du?

sälasa amäte näw.
dreißig Jahr-mein ist
Ich bin dreißig Jahre alt.

yärswo muya mïndïnäw?
von-Ihnen Beruf was-ist
Was ist Ihr Beruf?

yäne muya ... näw.
von-mir Beruf ... ist
Ich bin ... von Beruf.

särratäña	Arbeiter	**madbet särratäña**	Koch
hakim, doktär	Arzt	**astämari**	Lehrer
gäbäre	Bauer	**mäkanik**	Mechaniker
lïk'ä mämbär	Distriktchef	**zäfañ**	Pop-Sänger
astärgwami	Dolmetscher	**k'es**	Priester
schofer	Fahrer	**s'ähafi**	Schreiber
näggade	Geschäftsmann	**tsch'amma säri**	Schuster
mähandis	Ingenieur	**tämari**	Student,
gazetäña	Journalist		Schüler

Floskeln & Redewendungen

Hier nun einige Floskeln und Redewendungen.

gasche!
Herr-mein
Hallo!

abet?
jawohl
Ja? Hier bin ich!

and gize t'äbbïk'uñ!
ein Zeit warten(-Sie)-mir
Warten Sie einen Augenblick!

indäfällägïh / indäfällägïsch / indäfällägu.
wie-(du(m)-)willst / wie-(du(w)-)willst / wie-(Sie-)wollen
Wie du *(m/w)* willst. / Wie Sie wollen.

bäïne bäkkul ïschschi.
auf-mir seitens okay
Von meiner Seite gibt es keinen Einwand.

ïndäzzih näw?
wie-hier ist
Ist das so?

mïndïn näw ïzzih / ïzziya?
was ist hier / dort
Was ist hier / dort los?

mïn tïfällïgalläh / tïfällïgiyalläsch / yïfällïgallu?
was (du(m)-)willst-bist / (du(w)-)willst-bist / (Sie-)wollen-sind
Was willst du *(m/w)*? / Was wollen Sie?

algäbbañïm.
nicht-(es-)eintritt-mir
Ich verstehe nicht.

ïne alawk'ïm.
ich nicht-(ich-)weiß
Ich weiß nicht.

lämïn?
für-was
Warum?

kïlkïl näw.
verboten ist
Das ist verboten.

altschïlïm.
nicht-(ich-)kann
Ich kann nicht.

bä fiss'um ayyïtschalïm.
mit total nicht-(es-)kann
Das geht ganz und gar nicht.

Mary mayät ïfällïgallähu.
Mary sehen (ich-)will-bin
Ich möchte gern Mary sehen.

tadïyass? / ïndet näw?
dann-à-propos / wie ist
Was gibt's Neues? / Wie steht's?

mïn mässäläh / mässäläsch?
was (es-)scheint-dir(m) / (es-)scheint-dir(w)
Was meinst du *(m/w)* dazu?

abet abet!
jawohl jawohl
Oh weh!

ärä!
na
Nanu! / Wirklich?

mïn? mïn alk / alsch?
was was (du(m)-)sagst / (du(w)-)sagst
Was? Was sagst du *(m/w)*?

minïm.
nichts
Nichts.

bäwïnät?
mit-Wahrheit
Wirklich?

t'ïru! / bät'am t'ïru näw!
gut / sehr gut ist
Gut! / Das ist ausgezeichnet!

däss yïlall.
glücklich (es-)sagt-ist
Das macht Spaß.

mut?
Tod
Echt? / Wirklich? / Ist das wahr?

bäwïnät! lïkk näw.
mit-Wahrheit richtig ist
Echt! Das stimmt!

ayyäh / ayyäsch?
(du(m)-)sahst / (du(w)-)sahst
Na, siehst du *(m/w)*!

bälu, ïngïdïh – tschaw!
sagen(-Sie) also – tschüss
Also dann, tschüss!

ïschschi!
okay
In Ordnung! / Einverstanden!

yïhäw näbbärä! / alk'owall!
dies (es-)war / (es-)beendet-ist
Das wär's dann! / Erledigt!

Transport einer Terrakotta-Amphore

ahun yïbäk'all!
jetzt (es-)genug-ist
Jetzt reicht's!

bäkk'añ!
(es-)fertig-ist-mir
Mir reicht's!

ïnnïhid!
(lasst-uns-)gehen
Gehen wir!

wädä bet ïnnïhid!
zu Haus (lasst-uns-)gehen
Gehen wir nach Hause!

lïkk näh / lïkk näsch.
richtig (du(m)-)bist / richtig (du(w)-)bist
Du *(m/w)* hast Recht.

altäsmamma.
nicht-einverstanden
Ich bin nicht einverstanden.

ay, lïkk aydälläm.
nein richtig nicht-ist
Nein, das ist nicht richtig.

Unterwegs

Das billigste Verkehrsmittel in der Stadt sind die Busse (awtobïs). Diese sind ständig überfüllt, und es ist nicht genau voraussagbar, wann der nächste Bus zu dem gewünschten Ziel die Haltestelle ansteuern wird.

in der Stadt

Kaum teurer, aber wesentlich schneller lässt sich die Stadt mit den Sammeltaxis (taksi) befahren, die etwa die Größe eines Mini-Busses haben und von morgens bis abends immer ganz bestimmte Strecken abfahren.

wäradsch (allä)!
Aussteiger (es-ist)
Ich will aussteigen!

Wenn Sie aussteigen wollen, können Sie das mit einem hörbaren „wäradsch" *tun.*

Eine dritte Möglichkeit der Fortbewegung bieten die kontrakt taksi, fünfsitzige PKWs, die zu einem vorher ausgehandelten Preis individuelle Ziele in der Stadt anfahren. Diese Taxis haben vor allem nachts Hochkonjunktur, da die Sammeltaxis um diese Zeit nicht mehr fahren. Die Konkurrenz schläft, und die Preise steigen. Je später die Nacht, desto teurer das Taxi.

mängäd t'äftoñall.
Straße verloren-mir-ist
Ich habe mich verlaufen!

ïndet wädä ... ïhedallähu?
wie zu ... (ich-)gehe-bin
Wie komme ich zum / zur ...?

wädä ... bäigïr mähed yïtschalall?
zu ... mit-Bein gehen (es-)kann-ist
Kann man zum / zur ... zu Fuß gehen?

yet ïnnïggänañ?
wo (lasst-uns-)treffen
Wo treffen wir uns?

yet lïwräd?
wo möge-(ich-)aussteigen
Wo muss ich aussteigen?

k'äss bïläh hid, gize allän.
langsam sagend(-du(m)) geh(m) Zeit ist-uns
Fahren Sie langsam, wir haben Zeit.

ïzzih yïwrädu.
hier aussteigen(-Sie)
Steigen Sie hier aus!

ak'umu, ïzzih lïwräd.
stehen(-Sie) hier möge-(ich-)aussteigen
Halten Sie an, ich steige hier aus.

ak't'attscha	Richtung	**hotelu diräs**	bis zum Hotel
(bästä) k'äñ	(nach) rechts	**ruk' / k'irb**	weit / nah
(bästä) gra	(nach) links	**izzih / izziya**	hier / da
k'ätt'ita	geradaus	**wist' / wittsch'**	(dr)innen / (dr)außen
wädä fit	nach vorn	**kätäma / mändär**	Stadt / Dorf
wädä hwala	nach hinten	**gät'är**	Land
wädä lay	nach oben	**mäsk'äläña**	Abzweigung
wädä tattsch	nach unten	**mak'warätscha**	Abkürzung
fit läfit	gegenüber	**yätrafik mäbrat**	Verkehrsampel

mit dem Bus

Mit dem Überlandbus kann man preiswert jeden Ort in Äthiopien erreichen. Die Preise sind festgelegt, und jeder, der eine Fahrkarte hat, bekommt auch einen Sitzplatz. Bei längeren Fahrten werden Teepausen eingelegt.

Da es in Äthiopien nur eine Eisenbahnverbindung gibt -nämlich von Addis Abeba nach Djibouti -, wurde auf ein eigenes Kapitel „ mit dem Zug" verzichtet. Dazu nur soviel: Vom Bahnhof (laggähar, von frz. „la gare") fährt fast täglich ein Zug (babur) nach Djibouti ab. Die Fahrt dorthin dauert ungefähr zwei Tage. Zu größeren Ortschaften, die auf der Strecke liegen (z. B. Awash, Harar, Dire Dawa), können natürlich auch Tickets gebucht werden.

awtobis yinorall?
Bus (er-)lebt-ist
Gibt es einen Bus?

awtobïs mänähariya yet näw?
Bus Terminal wo ist
Wo ist der Busbahnhof?

wädä däbrä zäyt ïndet mähed ïtschïlallähu?
zu Däbrä Zäyt wie gehen (ich-)kann-bin
Wie komme ich nach Däbrä Zäyt?

Auch als Frage möglich

yïhe mängäd wädä däbrä zäyt yïwäsdall.
dies Weg zu Däbrä Zäyt (er-)nimmt-ist
Dieser Weg führt nach Däbrä Zäyt.

tiket sïnt näw?
Ticket wie-viel ist
Wie viel kostet die Fahrt?

yïhe bota bado näw?
dies Platz leer ist
Ist dieser Platz frei?

awtobïs bät'am molla.
Bus sehr voll-ist
Der Bus ist sehr voll.

aratt säw nän.
vier Person (wir-)sind
Wir sind zu viert.

däbrä zäyt madräs mïn yahïl gize yasfällïgall?
Däbrä Zäyt ankommen was ungefähr Zeit (es-)nötig-ist
Wie lange braucht man ungefähr bis Däbrä Zäyt?

mïn yahïl sä'at yïyïzall?
was ungefähr Uhr (es-)fängt-ist
Wie lange werden wir fahren?

iräft yïnorall?
Pause (es-)lebt-ist
Gibt es eine Pause?

yet ïnnarfallän?
wo (wir-)ruhen-sind
Wo halten wir?

hayk'u yet allä?
See-der wo ist
Wo liegt der See?

hayk'u dïräs sïnt kilometïr näw?
See-der bis wie-viel Kilometer ist
Wie viele Kilometer sind es bis zum See?

ïbakkïwo, hayk'un asayyuñ!
bitte-Sie See-den zeigen(-Sie)-mir
Können Sie mir den See zeigen?

wädä addis mähed ïfällïgallähu.
zu Addis gehen (ich-)will-bin
Ich will nach Addis.

mätsche näw yämmïnnïhedäw?
wann ist welch-(wir-)gehen-das
Wann fahren wir los?

därsänall?
(wir-)angekommen-sind
Sind wir da?

yäne schant'a / borsa yet allä?
von-mir Koffer / Beutel wo ist
Wo ist mein Koffer / Tasche?

mäwrädscha	Ausgang, Ausstieg
autobïs	Bus
tiket / karni (mäk'urät')	Fahrkarte (lösen)
guzo	Fahrt, Reise
k'um!	halt!
mäk'omiya	Haltestelle
ïräft	Pause
t'abiya	Station

mit dem Auto

mäkina yet mäkkärayät ïtschïlallähu?
Auto wo mieten (ich-)kann-bin
Wo kann ich ein Auto mieten?

yïh adraschscha ïfällïgallähu.
dies Adresse (ich-)will-bin
Ich suche diese Adresse.

nu, lasayyïwo!
kommen(-Sie) möge-(ich-)zeigen-Ihnen
Kommen Sie, ich zeige es Ihnen!

na, lasayyïh! / näi, lasayyïsch!
komm möge-(ich-)zeigen-dir(m) /
komm möge-(ich-)zeigen-dir(w)
Komm, ich zeige es dir *(m/w)*!

yïhe mängäd wädet yïwäsdall?
dies Weg wohin (er-)nimmt-ist
Wohin führt dieser Weg?

käkätäma wïttsch' yïwät'all.
von-Stadt außen (er-)hinausgeht-ist
Er führt aus der Stadt hinaus.

wädä yet näw yämmihedut?
zu wo ist welch-(Sie-)gehen-das
Wohin wollen Sie fahren?

bänzïn mämulat ïfällïgallähu.
Benzin füllen (ich-)will-bin
Ich möchte tanken.

bänzïn yet yïggäñall?
Benzin wo (es-)treffen-ist
Wo gibt es eine Tankstelle?

yäsälasa bïrr naft'a / bänzin / supär ïfällïgallähu mulaw, ïbakkïh.
von-dreißig Birr Diesel / Benzin / Super (ich-)will-bin fülle(m)-es bitte-dich(m)
Ich möchte für 30 Birr Diesel / Normal / Super. Voll, bitte.

gommista yïnorall?
Reifendienst (es-)lebt-ist
Gibt es auch einen Reifendienst?

and gomma fänäddabbïñ.
ein Reifen (er-)platzte-zu-meinem-Schaden
Ich habe einen Platten.

mäkina aynässam.
Auto nicht-(es-)aufstand
Das Auto springt nicht an.

mägfat aggïzuñ!
stoßen helfen-(Sie-)mir
Helfen Sie mir anschieben?

fren t'ïru aydälläm.
Bremse gut nicht-ist
Die Bremse ist schlecht.

yämäkina zäyt yasfällïgäñall.
von-Auto Öl (es-)nötig-mir-ist
Ich brauche Motoröl.

lïttaddïsullïñ yïtschïlallu?
damit-(Sie-)erneuern-für-mich (Sie-)können-sind
Können Sie das reparieren?

maddäschaw sïnt näw?
Erneuerung wie-viel ist
Was kostet die Reparatur?

yïk'oyyall?
(es-)wartet-ist
Dauert es lange?

maddäschaw mïn yahïl gize yïfädschall?
Erneuerung was ungefähr Zeit (es-)erfordert-ist
Wie lange dauert die Reparatur?

yämäkina läwawät alläwo?
von-Auto für-Wechsel ist-Ihnen
Haben Sie Ersatzteile?

... yet yïggäñall?
... wo (es-)trifft-ist
Wo kann ich ... bekommen?

mïn lämadräg innïtschïlallän?
was für-tun (wir-)können-sind
Was können wir tun?

mïnïm lämadräg annïtschïlïm.
nichts für-tun nicht-(wir-)können
Da können wir nichts tun.

mïn yïschschalall?
was (es-)ist-besser-ist
Was ist das Beste?

... yasfällïgall.
... (es-)ist-nötig-ist
... ist nötig.

... täbälaschtowall.
... (es-)ist-kaputt-ist
... ist kaputt.

Mit den folgenden Sätzen können Sie bei der Werkstatt oder Tankstelle Hilfe suchen.

tsch'ïs mäwtsch'iya	Auspuff	**frisyon**	Kupplung
benzin	Benzin	**mäbrat**	Licht
fren	Bremse	**motär**	Motor
nafta	Diesel	**zäyt**	Öl
marsch	Getriebe	**gomma**	Reifen
yämotär mak'äzk'äja (wïha)	Kühler (-wasser)	**krik**	Wagenheber

mit dem Flugzeug

Auf dem internationalen Flughafen Bole werden Sie kaum auf Amharisch zurückgreifen, aber vielleicht auf einer der kleinen Landepisten im Inland. Für längere Inlandstrecken stellt nämlich das Fliegen in Äthiopien eine sehr einladende Alternative dar: Es werden erstaunlich viele Landepisten angeflogen – und zwar zu vernünftigen Preisen, mit pünktlichem „Take-off" und dem gewohnten guten Service der „Ethiopian Airlines".

yäityop'iya ayyär mängäd biro yet näw?
von-Äthiopien Luft Weg Büro wo ist
Wo ist das Büro der „Ethiopian Airlines"?

wädä bole erport, ïbakkïwo.
zu Bole Flughafen bitte-Sie
Bitte fahren Sie mich zum Flughafen Bole.

awroplan kä ... mätsche yïgäball?
Flugzeug aus ... wann (es-)eintrifft-ist
Wann kommt die Maschine aus ... an?

awroplan wädä ... mätsche yïbärrall?
Flugzeug zu ... wann (es-)fliegt-ist
Um wie viel Uhr fliegt das Flugzeug nach ... ab?

awroplan yïzägäyyall?
Flugzeug (es-)verspätet-ist
Hat das Flugzeug Verspätung?

Auf dem Land

Äthiopien bietet neben den Besuchen von Landschaftssehenswürdigkeiten (Nilfälle, Berge, Seen usw.) und Wildtierreservaten auch eine große Anzahl von Kulturdenkmälern, wie die aus Fels gehauenen Kirchen von Lalibela, die Stelen von Aksum (eine davon ist als Opfer des Kulturraubes in Rom zu sehen) oder die Paläste von Gondar – um nur die bekanntesten zu nennen.

Einige Straßen zu diesen Sehenswürdigkeiten sind relativ gut befahrbar. Insgesamt aber ist eine touristische Infrastruktur (glücklicherweise) noch wenig eingefahren.

Die „National Tour Operation“ bietet Reisen zu den bekanntesten Sehenswürdigkeiten an. Es gibt aber auch kleine, private Reiseveranstalter, die auf Wunsch buchstäblich überallhin fahren. Wer etwas erleben will, ist hier in besten Händen.

Landschaftlich bietet Äthiopien fast jede Vegetation. Es gibt kleinere Dschungelgebiete, Wälder, Wüste, Steppe und hohe Berge, von denen einige Gipfel fast 5000 m erreichen und besteigbar sind.

Auch Tiere können beobachtet werden, wenn auch nicht in dem Maße, wie in den großen Nationalparks Tansanias und Kenias.

ïzzih yämmïkkäray färäs / bäk'lo / mäkina yïnorall?
hier welch-mietet Pferd / Muli / Auto (es-)lebt-ist
Gibt es hier Pferde / Mulis / Autos zu mieten?

märi / nädschi / zäbäña yïggäñall?
Führer / Fahrer / Wächter (es-)trifft-ist
Gibt es einen Führer / Fahrer / Wächter?

ïzzih asa lämägzat / lämat'mäd ïnnïtschïlallän?
hier Fisch für-kaufen / für-angeln (wir-)können-sind
Können wir hier Fische kaufen / fangen?

ïzzih yädur ïnsïsa yïtayyall?
hier von-Dschungel Tier (es-)ist-sichtbar-ist
Kann man hier Tiere beobachten?

bälelit yïtayyall?
bei-Nacht (es-)ist-sichtbar-ist
Kann man sie nachts sehen?

yihe (hayk' / tärara / täkl / zaf) sïmu man näw?
dies (See / Berg / Pflanze / Baum) Name-der wer ist
Wie heißt diese/r (See / Berg / Pflanze / Baum)?

walïya	Antilope	**ayt'**	Maus
zïhon	Elefant	**gumarre**	Nilpferd
ahïyya	Esel	**bäre**	Ochse
ïnk'urarit	Frosch	**färäs**	Pferd
k'ätsch'ïne	Giraffe	**ayt'ä mogät'**	Ratte
doro	Huhn	**bäg**	Schaf
wïschscha	Hund	**ïbab**	Schlange
dschïb	Hyäne	**birrabirro**	Schmetterling
t'ïdscha	Kalb	**(yädur) asama**	(Wild-)Schwein
gïmäl	Kamel	**nïyala**	Steinbock
dïmmät	Katze	**sägwän**	Strauß
lam / käbt	Kuh / Rinder	**wäf**	Vogel
anär	Leopard	**yämeda ahïyya**	Zebra
ambässa	Löwe	**fiyyäl**	Ziege

Wetter & Jahreszeiten

In Äthiopien unterscheidet man zwischen der großen Regenzeit (Juli bis September) und der kleinen (März). Die verschiedenen Regionen Äthiopiens werden aber nicht gleichmäßig mit Regen versorgt. Während das Hochland mit Niederschlag gesegnet ist, bleiben andere Landstriche fast immer trocken. Die heißesten Tage liegen in der Zeit von April bis Juni, die kältesten Nächte im November und Dezember.

Auch sprachlich wird das Land in verschiedene Höhen- und Klimazonen eingeteilt: Bereha (Wüste, unter 500 m, heiß und trocken), K'olla (500 m bis 1500 m, relativ trocken und warm), Woyna Däga (1500 m bis 2500 m, warm und fruchtbar), Däga (2500 m bis 3700 m, kühles Hochland), Wirtsch' (ab 3700 m, kalt).

yäayyär huneta	**hayläña näfas allä.**
von-Luft Benehmen	*stark Wind ist*
Wetter / Klima	Es weht ein starker Wind.

yïmok'all / bät'am yïmok'all.
(es-)ist-warm-ist / sehr (es-)ist-warm-ist
Es ist warm. / Es ist heiß.

yïbärdall / bät'am yïbärdall.
(es-)ist-kalt-ist / sehr (es-)ist-kalt-ist
Es ist kalt. / Es ist sehr kalt.

yïzänball.
(es-)regnet-ist
Es regnet.

yïzänball, wäy?
(es-)regnet-ist oder
Wird es regnen?

ahun yäzïnab gize aydälläm, wäy?
jetzt von-Regen Zeit nicht-ist oder
Jetzt ist doch nicht die Regenzeit, oder?

t'ïla wïsädu!
Schatten nehmen(-Sie)
Nehmen Sie den Regenschirm!

s'ähay wätt'attsch / gäbbattsch.
Sonne (sie-)herausging / (sie-)eintrat
Die Sonne ist aufgangen / untergegangen.

ïyyätsch'ällämä näw.
(es-)am-Dunkeln ist
Es wird dunkel.

lelit yïbärdall.
Nacht es-ist-kalt-ist
Nachts wird es kalt.

mähär	Erntezeit	**s'ähay**	Sonne
bärädo	Hagel, Eis	**kokäb**	Stern
sämay	Himmel	**däräk' / dïrk'**	trocken / Trockenheit
muk'ät	Hitze	**bäga**	Trockenzeit, „Sommer" (Oktober – Juni)
bïrd	Kälte	**muk'ät**	Wärme
tsch'äräk'a	Mond	**nïfas**	Wind
zïnab	Regen	**dämmäna**	Wolke(n)
yäzïnab gize / krämt	Regenzeit (Juli – September)	**bäräha**	Wüste
t'ïla	Schatten		

Übernachtung im Hotel

In der Hauptstadt und in den großen Zentren der Provinzen bekommt man Hotels mit gutem Service. Ist man unterwegs und hält sich in kleineren Städten oder gar Dörfern auf, dann muss man sich allerdings mit kleinen, einfachen Hotels begnügen – aber diese Hotels gibt es tatsächlich überall.

Was Sauberkeit und Ausstattung angeht, haben manche der kleinen Hotels nicht den gewohnten Standard. Es gibt aber auch ebensoviele kleine Hotels, die man als kleine Schmuckstücke beschreiben kann: Sie sind zwar einfach, aber sauber und liegen oft sehr schön – z. B. in einem parkähnlichen Garten oder an einem See.

℘ ïzzih akkababi hotel yet yïggäñall?
hier Gegend Hotel wo (es-)treffen-ist
Wo gibt es hier ein Hotel?

and alga ïfällïgallähu.
ein Bett (ich-)will-bin
Ich möchte ein Zimmer haben.

alga allattschïhu?
Bett ist-euch
Haben Sie noch ein Zimmer?

alga masayyät titschïlalläh / titschiyalläsch?
Bett zeigen (du(m)-)kannst-bist / (du(w)-)kannst-bist
Kannst du *(m/w)* mir das Zimmer zeigen?

℘ waga mïn yahïl näw?
Preis was ungefähr ist
Wie viel kostet es ungefähr?

Mit einem Smartphone können Sie sich die mit einem ℘ gekennzeichneten Sätze dieses Kapitels anhören.

Übernachtung im Hotel

(yäkĭfĭl) waga sĭnt näw?
(von-Raum) Preis wie-viel ist
Wie viel kostet das (Zimmer)?

land k'än / sammĭnt and alga ĭfällĭgallähu.
für-ein Tag / Woche ein Bett (ich-)will-bin
Ich möchte ein Zimmer für einen Tag / eine Woche.

kĭfĭlottsch bämulu täyĭzowall?
Räume mit-voll (es-)nimmt-ist
Sind alle Zimmer belegt?

sĭlk / schawär yalläw alga yĭggäñall?
Telefon / Dusche welch-ist-ihm Bett (es-)trifft-ist
Gibt es ein Zimmer mit Telefon / Dusche?

alga tazägadschallattschĭhu?
Bett (ihr-)bereitet-seid
Können Sie das Zimmer zurechtmachen?

addis ansola tanät'äfallattschĭhu?
neu Bettwäsche (ihr-)ausbreitet-seid
Können Sie ein neues Laken spannen?

k'oschascha näw. t'ĭru näw / t'ĭru aydälläm.
Schmutz ist — *gut ist / gut nicht-ist*
Es ist schmutzig. — Es ist gut. / Es ist nicht gut.

tĭras allattschĭhu?
Kopfkissen ist-euch
Haben Sie Kopfkissen?

mäbrat aysäram.
Lampe nicht-(sie-)arbeitet
Das Licht geht nicht.

mättat'äbiya bet yet allä?
Waschraum Haus wo ist
Wo ist das Badezimmer?

... yasfällïgäñall.
... (es-)ist-nötig-mir-ist
Ich brauche ...

ahun wïha / soft bïttscha yïk'ärall.
jetzt Wasser / Toilettenpapier nur (es-)bleibt-ist
Nun fehlt nur noch Wasser / Toilettenpapier.

k'urs mäblat ïfällïgallähu.
Frühstück essen (ich-)will-bin
Ich möchte frühstücken.

migïb bet yet yïggäñall?
Essen Haus wo (es-)trifft-ist
Wo gibt es ein Restaurant?

ïzzih mäblat alfällïgïm.
hier essen nicht-(ich-)will
Hier möchte ich nicht essen.

and migïb sïnt näw?
ein Essen wie-viel ist
Was kostet ein Essen?

yäsidschara mätärkoscha	Aschenbecher	**bimbi**	Mücke
mät'rägiya	Besen	**s'ïdat**	Sauberkeit
alga / ansola	Bett / Bettwäsche	**k'um sat'ïn**	Schrank
mättat'äbiya bet	Dusche	**k'oschascha**	Schmutz
mäskot	Fenster	**wämbär**	Stuhl
ïsat	Feuer	**t'äräpp'eza**	Tisch
tïras	Kopfkissen	**bärr**	Tür
tsch'ärk'	Lappen, Tuch	**fäntilator**	Ventilator
firasch	Matratze	**bwambwa**	Wasserhahn
		bïrd lïbs	Wolldecke

Essen & Trinken

Wer sicher gehen will, sollte auf nicht abgekochte Speisen wie z. B. Salate verzichten.

Mit einem Smartphone können Sie sich die mit einem 𝄢 gekennzeichneten Sätze dieses Kapitels anhören.

Viele Europäer meiden die kleineren, einfachen Restaurants aus Angst vor Krankheiten. Aber solange man sich nicht gerade die heruntergekommenste Spelunke aussucht, kann man getrost überall essen.

Das Nationalgericht Äthiopiens heißt ïndschära bä wät'. Bei ïndschära handelt es sich um große Sauerteigfladen aus Teff (Zwerghirse). Davon reißt man Stücke ab, mit deren Hilfe man die wät' (Soße) isst. Meistens werden mehrere verschiedene Soßen auf dem Fladen verteilt, so dass man eine köstliche Auswahl hat. Anfangs muss man sich an den leicht säuerlichen Geschmack der Fladen gewöhnen. Hat man Äthiopien aber verlassen, dann wird man gerade diese Speisen vermissen!

Das Frühstück wird im Allgemeinen kurz nach Sonnenaufgang eingenommen und besteht oft aus den aufgewärmten Resten des Vortages (fitfit) oder aus Weißbrot zum Tee bzw. Kaffee. In den Hotels fällt das Frühstück selbstverständlich üppiger aus. Die warmen Mahlzeiten werden mittags zwischen 12 und 14 Uhr und abends nach Sonnenuntergang eingenommen.

Auch die italienische Küche mit Nudelgerichten und Pizzas ist in Äthiopien vor allem in den größeren Restaurants an der Tagesordnung und sehr zu empfehlen.

mäblat ïfällïgallähu / ïnnïfällïgallän.
essen (ich-)will-bin / (wir-)wollen-sind
Ich möchte / Wir möchten etwas essen.

t'ïm alläbbïñ / alläbbïn.
Durst ist-auf-mir / ist-auf-uns
Ich habe / Wir haben Durst.

mät'ätt'at ïnnïfällïgallän.
trinken (wir-)wollen-sind
Wir möchten etwas trinken.

mïn mïgïb allattschïhu?
welch Essen ist-euch
Welche Gerichte bieten Sie an?

mïnu allattschïhu?
Menu ist-euch
Haben Sie eine Karte?

mäzäz ïtschïlallähu?
bestellen (ich-)kann-bin
Kann ich bestellen?

zare mïn allattschïhu?
heute was ist-euch
Was gibt es heute?

yïhe mïndïnäw?
dies was-ist
Was ist das?

lät'enattschïn
für-Gesundheit-unsere
Prost!

migïb	Essen	**mankiya**	Löffel
k'urs	Frühstück	**schukka**	Gabel
mïsa	Mittagessen	**billawa**	Messer
ïrat	Abendessen	**sahïn**	Teller

dabbo	Brot	**kek**	Kuchen
k'ïbe	Butter	**marmälata**	Marmelade
ïnk'ulal	Ei	**omälät**	Omelette
dïfo dabbo	Graubrot	**sändwitsch**	Sandwich
bïskut	Keks		

zu Festzeiten

Gerichte

ïndschära fitfit	Fladen mit Soße getränkt
nug / zäyt	Speiseöl
doro wät'	Huhn in Soße
k'äyy wät'	„Rote Soße", meist mit Fleischstücken
t'ïbs sïga	kleine Fleischstücke nur kurz angebraten
k'ïtfo	rohes Hackfleisch mit Butter und Gewürzen
alïtsch'a	gekochtes Gemüse
mïsïr wät'	Linsengericht
makaroni	Makkaroni
ruz	Reis
pasta (schutta)	Nudeln
sälat'a	Salat

eine Delikatesse!

mät'ätt'	**Getränke**		
t'äddsch	Honigmet	**nïs'uh wïha**	reines Wasser
t'älla	Bier (Getreide)	**Ambo wïha**	Mineralwasser (Quelle in Ambo)
vino	Wein	**schay**	Tee
yäwäyn t'äddsch	äthiop. Wein	**bunna**	Kaffee
läslassa	Softdrink (Limo, Cola)	**bunna bäwätät**	Kaffee mit viel Milch
arak'e	klarer Schnaps	**makiyato**	Kaffee mit wenig Milch
t'schïmmak'i	Fruchtsaft	**wätät**	Milch
t'ïru wïha	gutes Wasser	**bïrtsch'ïkk'o**	Glas
		sïni	Tasse

ïne bunna / schay ïfällïgallähu.
ich Kaffee / Tee (ich-)will-bin
Ich trinke lieber Kaffee / Tee.

yaläsïkkwar / tïnnïsch sïkkwar
ohne-Zucker / klein Zucker
ohne Zucker / mit wenig Zucker

yäïddsch mättat'äbiya yet näw?
von-Hand Waschraum wo ist
Wo kann man sich die Hände waschen?

migïb bät'am yak'at'ïlall.
Essen sehr (es-)brennt-ist
Das Essen ist sehr scharf.

migïb t'ïru näw.
Essen gut ist
Das Essen ist gut.

yït'affitall?
(es-)schmeckt-ist
Hat es geschmeckt?

bät'am t'ïru näbbär.
sehr gut (es-)war
Es war sehr gut.

t'ägïbbiyallähu
(ich-)fülle-bin
Ich bin wirklich satt.

hisab, (ïbakkattschïhu).
Rechnung (bitte-ihr)
Die Rechnung (bitte).

*„kalt" nur im Zusammenhang mit Nahrungsmitteln

t'schäw	Salz	**däräk'**	trocken
bärbärre	Pfeffer	**t'affat'sch**	süß
komt'att'e	Essig	**t'schäwama**	salzig
zäyt	Öl	**märara**	bitter
muk'	heiß	**mäkumt'ät**	sauer
k'äzk'azza	kalt*	**mäk'at'el**	scharf

Toilette

Hier nun einige Sätze zu Toilette & Co.

schïnt bet yet näw?
Urin Haus wo ist
Wo ist die Toilette?

wïha / soft yälläm?
Wasser / Toilettenpapier nicht-ist
Gibt es kein Wasser / Toilettenpapier?

soft / fot'a allattschïhu?
Toilettenpapier / Handtuch ist-euch
Haben Sie Toilettenpapier / ein Handtuch?

schïnt bet	Toilette
täyïzowall	Es ist besetzt.
yäset	für Damen
yäwänd	für Herren
samuna	Seife
fot'a	Handtuch

Markt, Handeln & Einkaufen

Es ist nichts Neues, dass Touristen immer wieder übers Ohr gehauen werden. Welcher Geschäftsmann möchte nicht einen guten Gewinn erzielen? Wer die Preise nicht kennt, ist ein gutes Opfer. Versuchen Sie deshalb, zuerst einen Überblick über die Preise zu bekommen: Kaufen Sie nicht gleich beim ersten Mal, sondern vergleichen Sie vorher die Preise. Bei einem größeren Kauf erkundigen Sie sich bei Bekannten nach der üblichen Preisspanne. Die Händler wissen, dass ein Tourist lieber ein wenig mehr zahlt als dem Markt einen weiteren Besuch abzustatten. Man weiß, dass die färenji (die Weißen) in der Regel wenig Zeit mitbringen.

Um einen guten Preis zu erzielen, braucht man Zeit. Nehmen Sie auch die hitzigste Verhandlung mit Humor und kommen Sie lieber noch einmal wieder. Wenn Sie sich auf den märkato *in Addis Abeba begeben – einen der größten Märkte Afrikas – sollten Sie Ihre Wertsachen lieber im Hotel lassen.*

yägäbäya schïbbïr läleba särg näw
von-Markt Unruhe für-Dieb Heirat ist
Gewimmel auf dem Markt ist für den Dieb wie eine Hochzeit.

Verboten ist es, die typischen Kreuze der orthodoxen Kirche zu kaufen und auszuführen, vor allem, wenn es sich um antike Kreuze oder solche aus echtem Silber handelt. Halten Sie sich daran! Es gibt jede Menge Nachbildungen, die sich besser als Souvenir eignen.

Handeln

t'ena yïst'ïllïñ, gaschsche / ïmmete.
Gesundheit (er-)gebe-für-mich Herr-mein / Dame-meine
Guten Tag, mein Herr / meine Dame.

Hier ein Gespräch, bei dem die Preisvorstellungen anfangs recht unterschiedlich sind.

Interessant für Touristen ist sicherlich der äthiopische Schmuck. Auch Stoffe, fein bestickte Borten, Holzarbeiten (hauptsächlich mit christlichen Motiven), Korbarbeiten, Gewürze oder Musikinstrumente und Kassetten mit äthiopischer Musik sind weitere Souvenirs, die man überall erstehen kann (und darf).

mïn mägzat yïfällïgallu?
was kaufen (Sie-)wollen-sind
Was möchten Sie kaufen?

yïhe k'äläbät sïnt näw?
dies Fingerring wie-viel ist
Was kosten diese Ringe dort?

waga hamsa bïrr näw.
Preis fünfzig Birr ist
Sie kosten 50 Birr.

k'äldäña not?
Witzbold (Sie-)sind
Sie machen Witze!

sïnt yïgäzallu?
wie-viel (Sie-)kaufen-sind
Wie viel wollen Sie denn zahlen?

kähaya bïrr bälay ayawät'am.
von-zwanzig Birr über nicht-(es-)hinausgeht
Die sind nicht mehr wert als 20 Birr.

haya bïrr tïnnïsch näw.
zwanzig Birr wenig ist
20 Birr ist zu wenig.

hulätt bähamsa bïrr rïkkasch näw.
zwei mit-fünfzig Birr billig ist
Zwei für 50 Birr ist billig.

bäzzih waga alschät'ïm
mit-hier Preis nicht-(ich-)verkaufe
Zu diesem Preis verkaufe ich sie nicht.

antä dämbäña näh, bäsälasa bïrr bïttïgäza däss yïläñall.
du(m) Kunde bist(m) mit-dreißig Birr wenn-du(m)-kaufst glücklich (es-)sagt-mir-ist
Weil du ein guter Kunde bist, bin ich mit 30 Birr zufrieden.

t'ïru waga näw.
gut Preis ist
Das ist ein guter Preis.

t'ïru, yïhun / ïschschi, yïhun.
gut (es-)sei / okay (es-)sei
Na gut. Einverstanden.

Ein paar häufig verwendete Sätze:

and sïnt näw?
ein wie-viel ist
Wie viel kostet eins?

yañawïss?
jene(r)-à-propos
Und das da?

assïr bïrr sätt'ähu.
zehn Birr (ich-)gab
Ich habe dir / Ihnen 10 Birr gegeben.

mïnïm mägzat alfällïgïm.
nichts kaufen nicht-(ich-)will
Ich möchte nichts kaufen.

yïhäw däss alalãñïm
dies glücklich nicht-(es-)sagt-mir
Das gefällt mir nicht.

wagawïss?
Preis-à-propos
Und was ist mit dem Preis?

waga wïdd näw.
Preis hoch ist
Das ist zu teuer.

k'ïnnaschïss? / kännïs! / kännïschi!
Nachlass-à-propos / reduziere(m) / reduziere(w)
Und wie wär's mit einem Preisnachlass?

... ïfällïgallähu.
... (ich-)will-bin
Ich möchte ...

firafre	Obst		
ananas	Ananas	**mandarin**	Mandarine
bïrtukan	Apfelsine	**mango**	Mango
muz	Banane	**papaya**	Papaya
lomi	Limone	**kok**	Pfirsich

atakïlt	Gemüse		
ïhïl	Getreide	**yäfärändsch k'ariya**	Paprika
karot	Karotte	**k'ariya**	Pfefferschoten
dïnnïttsch	Kartoffel	**sälat'a**	Salat
schïmbïra	Kichererbsen	**timatim**	Tomaten
nättsch' schïnkurt	Knoblauch	**sïnde**	Weizen
		schïnkurt	Zwiebel

k'imäm	Gewürze		
zäyt	Öl	k'äyy bärbärre	roter Pfeffer
komt'att'e	Essig	mit'mit'a	starker Pfeffer
k'ariya	Pfeffer	tsch'äw	Salz
		sïkkwar	Zucker

asanna sïga	Fisch & Fleisch
asa	Fisch
yädoro sïga	Hühnerfleisch
yäbäre sïga	Rinderfleisch
yäbäg sïga	Schafsfleisch
k'want'a	Trockenfleisch
yäfiyyäl sïga	Ziegenfleisch

mägzat	kaufen	mäschät'	verkaufen
waga	Preis	mäwsäd	nehmen
widd	teuer	rïkkasch	billig
bïzu	viel	tïnnïsch	wenig
grosäri	Laden	zïrzïr	Kleingeld

tïnnisch yik'ärall	es fehlt noch ein wenig
and kilo / litär / metïr	1 Kilo / Liter / Meter

ambar	Armreif	märfenna kïrr	Nadel und Faden
batri dïngay	Batterie	wäräk'ät	Papier
laitär	Feuerzeug	k'äläbät	Ring
masink'o	äthiop. Fiedel	get'aget'	Schmuck
t'ärmus	Flasche	k'ulf	Schlüssel
waschïnt	Flöte	mäs'afiya	Schreibgerät
krar	Gitarre	tsch'amma	Schuhe
wärk'	Gold	samuna	Seife
k'äbätto	Gürtel	birr	Silber

bägäna	Harfe	**tsch'ärk'**	Stoff
kanatera	Hemd	**kïbrit**	Streichhölzer
surri	Hose	**borsa**	Tasche
barnet'a	Hut	**batri**	Taschenlampe
mastika	Kaugummi	**sahïn**	Teller
habïl	Kette	**mïnt'af**	Teppich
(färändsch) schant'a	Koffer	**käbäro**	Trommel
kondom	Kondom	**yät'ïrs mäfak'iya**	Zahnbürste
mäsob	Korb	**yät'ïrs samuna**	Zahnpasta
mäsk'äl	Kreuz	**gazet'a**	Zeitung
billawa	Messer	**sidschara**	Zigaretten
kofiyya	Mütze		

Fotografieren

Nicht jeder wird gerne fotografiert. Vorheriges Fragen bewahrt vor unangenehmen Überraschungen. Gerade bei Einladungen oder ähnlichen Gelegenheiten können ein paar Posen für die Kamera ganz unterhaltsam sein, ebenso das Betrachten von vorhandenen Bildern. In den Städten gibt es Fotoläden, die Filme in angemessener Qualität entwickeln.

foto lansa?
Foto möge-(ich-)heben
Darf ich ein Foto machen?

ay, kïlkïl näw / ayyïtschalïm.
nein verboten ist / (es-)nicht-kann
Nein, es ist verboten / es geht nicht.

foto ansuñ.
Foto heben-(Sie-)mir
Machen Sie von mir ein Foto!

foto mat'äbiya yet allä?
Foto Waschgelegenheit wo ist
Wo gibt es einen Fotoladen?

foto sïttat'äb, ïsät'ïhallähu
Foto nachdem-gewaschen (ich-)gebe-dir(m)-bin
Wenn das Foto fertig ist, bekommst du eins.

yïhïn film yïttat'äbïllïñ.
dieser Film (er-)gewaschen-wird-für-mich
Entwickeln Sie mir diesen Film!

film mägzat ïfällïgallähu.
Film kaufen (ich-)will-bin
Ich möchte Filme kaufen.

yämättawäk'iya foto ïfällïgallähu.
von-Ausweis Foto (ich-)will-bin
Ich brauche Passfotos.

balä k'äläm / t'ïk'urïnna nättsch' film
Besitzer Farbe / schwarz-und weiß Film
einen Farbfilm / Schwarz-Weiß-Film

Behörden

Bei Ämtern und Behörden kommt man im Allgemeinen ganz gut mit Englisch aus. Wenn Sie aber die Atmosphäre etwas auflockern wollen, versuchen Sie es trotzdem auf Amharisch.

bei der Polizei

ïnglïzïña yämmïnnagär säw allä?
Englisch welch-redet Person ist
Haben Sie jemand, der Englisch spricht?

yäne wäräk'ät (pasäport / mättawäk'iya) t'alkuñ.
von-ich Papier (Pass / Ausweis) verloren-ist-mir
Ich habe meine Papiere (Pass / Ausweis) verloren.

yet näw yäïrswo gänzäb yät'äffaw?
wo ist von-Sie Geld welch-fehlt-das
Wo haben Sie Ihr Geld verloren?

märkato näw.
Markt ist
Auf dem Merkato (Markt).

täk'ämmahu.
beraubt-(ich-)wurde
Ich wurde überfallen.

ahun mïn yïschschalall?
jetzt was (es-)ist-besser-ist
Was ist jetzt am besten zu tun?

k'ït's	Anzeige
embasi	Botschaft
leba	Dieb
wäräk'ät	Dokumente
yägänzäb borsa	Geldbeutel
pasport	Pass
polis t'abiya	Polizeistation
k'ämmaña	Überfall

Bank, Post, Telefon & Internet

Die äthiopische Währung wird bïrr genannt, was übersetzt Silber heißt. Auf dem Land empfiehlt es sich, genügend „kleine Scheine" (1-, 5-, 10-Birr-Noten) dabeizuhaben, damit man niemanden in die Situation bringt, erst einmal Wechselgeld suchen gehen zu müssen.

auf der Bank

yuro mäk'äyyär ïfällïgallähu.
Euro wechseln (ich-)will-bin
Ich möchte gerne Euro wechseln.

bäsïnt yïmännäzzärall?
mit-wie-viel (es-)wechselt-ist
Wie ist der Wechselkurs?

mättawäk'iya yïfällïgallu?
Ausweis (es-)ist-nötig-ist
Brauchen Sie einen Ausweis?

ïbakkïwo ïzzih yïfärrïmu.
bitte-Sie hier mögen-(Sie-)unterschreiben
Bitte unterschreiben Sie hier!

bank	Bank
form (mämulat)	Formular (ausfüllen)
gänzäb (mäkäyyär)	Geld (wechseln)
pasport	Reisepass
tschek	Reiseschecks
firma	Unterschrift

auf der Post

and däbdabbe wädä dschärmän agär mälak ïfällïgallähu.
ein Brief zu deutsch Land senden (ich-)will-bin
Ich möchte gerne einen Brief nach Deutschland schicken.

tembïr yet yïschschät'all?
Briefmarke wo (sie-)verkauft-wird-ist
Wo gibt es Briefmarken?

Briefmarke ïndschära

... mälak ïfällïgallähu.
... senden (ich-)will-bin
Ich möchte gerne ... schicken.

wädä ... yätembïr waga sïnt näw?
nach ... von-Briefmarke Preis wie-viel ist
Wie hoch ist das Porto nach ...?

laki	Absender	**bäayyär mängäd**	Luftpost
adraschscha	Adresse	**paket**	Paket
däbdabbe	Brief	**post kard**	Postkarte
tembïr	Briefmarke	**mälak**	schicken
rekomande	Einschreiben	**telegram**	Telegramm
wanna posta bet	Hauptpostamt	**ämbolop**	Umschlag

Telefonieren

Telefonieren stellt in Äthiopien kein Problem dar. Das Festnetz-Telefonsystem funktioniert verlässlich. Es gibt öffentliche Telefone und Telefonshops. Viele Anschlüsse werden von mehreren Personen benutzt (andere Mitbewohner, Nachbarn, Kollegen usw.) – fragen Sie also gleich nach der Person, mit der Sie sprechen wollen. Die Begrüßung können Sie auf ein kurzes t'ena yïst'ïllïñ („Guten Tag") beschränken.
Ein Mobilfunknetz existiert, aber nicht in allen Teilen des Landes. Anrufe ins Ausland mit dem eigenen Handy sind trotz Roaming-Abkommens mit europäischen Betreibern sehr teuer. Die Nutzung einer äthiopischen SIM-Karte ist daher empfehlenswert.

sïlk yet allä?
Telefon wo ist
Wo gibt es / ist ein Telefon?

wädä wïttsch' agär mädäwwäl ïfällïgallähu.
zu außen Land klingeln (ich-)will-bin
Ich möchte ins Ausland telefonieren.

halo, yïssämañall.
hallo (es-)gehört-wird-mir-ist
Hallo, ich kann euch verstehen.

halo, yïssämall?
hallo (es-)gehört-wird-ist
Hallo, kann man mich verstehen?

bädämb ayïssämmam / fiss'um ayïssämmam.
mit-Ordnung nicht-(es-)gehört-wird / total nicht-(es-)gehört-wird
Man kann nicht richtig / überhaupt nicht hören.

man lïbäl?
wer möge-(ich)-sagen
Wer spricht dort?

ïne Matyas näñ.
ich Matthias bin
Hier spricht Matthias.

kä Asäffa gar männägaggär ïtschïlallähu?
von-Aseffa mit unterhalten (ich-)kann-bin
Kann ich mit Aseffa sprechen?

ïne bäzzih k'ut'ïr ïggäñallähu: ammïst ammïst ...
ich mit-hier Zahl (ich-)treffe-bin fünf fünf ...
Ich bin unter dieser Nummer zu erreichen: fünf fünf ...

mïn alu?
was (Sie-)sagten
Was haben Sie gesagt?

k'äss, k'äss! ïndägäna!
langsam langsam wieder
Langsam, langsam! Noch ein mal!

Internet

Internet-Cafés sind in allen größeren Städten und touristischen Orten zu finden. Außerhalb von Addis Abeba kann die Übertragungsgeschwindigkeit aber noch sehr langsam sein. Die Preise für die Internetnutzung sind in den letzten Jahren erheblich günstiger geworden.

internet kafe yet yïggäñall?
Internet Café wo (es-)trifft-ist
Wo gibt es ein Internet-Café?

lämatäm ïfälligallähu.
für-drucken (ich-)kann-bin
Ich möchte ausdrucken.

and säat sïnt näw?
eins Stunde wieviel ist
Wie viel kostet eine Stunde?

internet mät'äkkäm ïtschïlallähu?
Internet benutzen (ich-)kann-bin
Kann ich das Internet benutzen?

Krank sein

In den größeren Städten gibt es in Krankenhäusern keine Verständigungsschwierigkeiten, da auch diejenigen Ärzte, Ärztinnen und Krankenschwestern Englisch beherrschen, die nicht in englischsprachigen Ländern ausgebildet wurden.

Auf dem Land kann es vorkommen, dass man auf die Hilfe von Leuten angewiesen ist, die kein Englisch sprechen. Wenn Sie auf dem Land wirklich schwer krank werden sollten, begeben Sie sich möglichst in die Hauptstadt oder in eine andere große Stadt mit einem Krankenhaus.

hakim / doktär tolo yasfällïgall.
Arzt / Doktor schnell (es-)ist-nötig-ist
Es wird dringend ein Arzt benötigt.

wädä hakimbet / hospital wïsäduñ.
zu Arzt-Haus / Hospital nehmt-mich
Bringt mich ins Krankenhaus!

ïne ammämäñ.
ich krank-mir
Ich bin krank.

ïssu ammotall / ïsswa ammwatall.
er krank-ihm-ist / sie krank-ihr-ist
Er / sie ist krank.

adäga därsobbiñall.
Gefahr (sie-)angekommen-zu-meinem-Schaden-ist
Ich hatte einen Unfall.

ïdsche täsäbärowall.
Arm-mein (er-)gebrochen-ist
Ich habe mir den Arm gebrochen.

yastawïkäñall.
(es-)kotzt-mir-ist
Mir ist zum Kotzen schlecht.

yasmälläsäñall.
(es-)umdreht-mir-ist
Mir ist (zum Erbrechen) übel.

... alläñ.
... ist-mir
Ich habe ...

tïkkusat alläñ.
Fieber ist-mir
Ich habe Fieber.

k'usäl alläñ.
Wunde ist-mir
Ich habe eine Wunde.

bïzu däm yïfässäñall.
viel Blut (es-)fließt-mir-ist
Ich blute stark.

hïmäm yïssämañall.
Krankheit (sie-)hört-mir-ist
Ich habe Schmerzen.

Krank sein

edïs	Aids	**yäat'ïnt mässäbär**	Knochenbruch
alerdschi	Allergie	**yäras mïtat**	Kopfschmerzen
yähod k'urt'at	Bauchschmerzen	**ärguz**	Schwangerschaft
k'ïzzän	Durchfall	**ïbt'ät**	Schwellung
mastawäk	Erbrechen	**k'usäl**	Wunde
tïkkusat	Fieber	**sïkkwar**	Zucker
yäsïga däwe bäschschïta	Geschlechtskrankheit		

... yïssämañall.
... (es-)hört-mir-ist
... tut mir weh.

ïdsche yïssämañall.
Arm-mein (er-)hört-mir-ist
Mein Arm tut mir weh.

Mittelalterliche Felsenkirche St. Georg in Lalibela

kïnd	Arm	**ïddsch**	Hand	**känfär**	Lippen
ayn	Auge	**lïbb**	Herz	**samba**	Lunge
hod	Bauch	**gulbät**	Knie	**af**	Mund
ïgïr	Bein	**at'ïnt**	Knochen	**afïntsch'a**	Nase
t'ut	Brust	**akal**	Körper	**dschoro**	Ohr
fit	Gesicht	**ras**	Kopf	**dschärba**	Rücken
gurorro	Hals	**gubbät**	Leber	**t'ïrs**	Zahn

... yasfällïgäñall.
... es-nötig-mir-ist
Ich brauche ...

hakim yasfällïgäñall.
Arzt er-nötig-mir-ist
Ich brauche einen Arzt.

antïbayotïk mädhanit	Antibiotika	**s'ätt'ïta**	Ruhe
farmasi	Apotheke	**k'ïbat**	Salbe
hakim	Arzt	**yä ïnk'älf kinin**	Schlaftabletten
asprin	Aspirin	**märfe**	Spritze
krem	Creme	**kinin**	Tabletten
mädhanit	Medikament	**t'äbbïta**	Tropfen
plastär	Pflaster	**fascha**	Verband

sïnt kinin / t'äbbïta lïwsäd?
wie-viel Tablette / Tropfen möge-(ich-)nehmen
Wie viele Tabletten / Tropfen soll ich einnehmen?

bäk'än sïnt gize?
mit-Tag wie-viel Zeit
Wie oft täglich?

mïn yähïl gize?
was lange Zeit
Wie lange?

ahun tïnnïsch täschïloñall.
jetzt klein (es-)ist-besser-mir-ist
Jetzt geht es mir etwas besser.

ahun t'ïru näw.
jetzt gut ist
Jetzt ist es gut.

aldankum.
nicht-(es-)heilte
Es ist noch nicht geheilt.

altäschaläñïm.
nicht-(es-)ist-besser-mir
Mir geht es noch nicht besser.

siläräddun̈ bät'am ïgzer yïst'ïllïn̈.
wegen-(Sie-)halfen-mir sehr Gott (er-)gebe-für-mich
Vielen Dank für ihre Hilfe.

Streitigkeiten

Hier folgen einige kräftige Wendungen, mit denen man sich in kritischen Situationen verbal wehren kann – oder im Notfall mit entsprechender Lautstärke auf sich aufmerksam machen.

schïfta!
Gangster! / Bandit!

leba! / lebottsch!
Dieb! / Diebe!

ärä!
Na!

ïrduñ!
Hilfe!

mïn honk? / mïn honattschïhu?
was (du(m)-)wurdest / (ihr-)wurdet
Was ist los mit dir *(m)* / euch?

leba yazut!
Dieb haltet(-ihr)
Haltet den Dieb!

ärä täw! / täy! / täwu!
na lass(m) / lass(w) / lassen(-Sie)
Lass *(m)* das! / Lass *(w)* das! / Lassen Sie das!

bäkk'a! wädä polis ïnnïhid!
fertig-ist zu Polizei (lasst-uns-)gehen
Jetzt reichts! Los, zur Polizei!

polis t'abiya yet allä?
Polizei Haltestelle wo ist
Wo gibt es / ist ein Polizeirevier?

tät'änk'äk', asayyïhallähu!
aufpasse (ich-)zeige-dir(m)-bin
Pass auf, ich zeig's dir!

hïd käzzih!
geh von-hier
Hau ab!

t'ïffa käzih!
verschwinde von-hier
Verschwinde!

zïmbäl!
leise-sag
Sei ruhig! /
Halt den Mund!

attïsämam?
nicht-(du(m)-)hörst
Hast du nicht gehört?

kïbïrïhïn t'äbbïk'!
Ehre-dein(m) behalte
Behalte deine Ehre!

Äthiopisches Buch auf Pergament

Literaturhinweise

Sämtliche Titel werden Sie bestellen müssen, denn die Buchhandlungen werden sie nicht vorrätig haben. Einige Titel sind nur noch antiquarisch erhältlich. Versuchen Sie es im Online-Handel. Informieren Sie sich über den Preis; vor allem Wörterbücher sind teuer.

David Appleyard: Colloquial Amharic. A complete language course. London / New York: London 1995. Ausführliches Lehrbuch, sowohl in äthiopischer als auch (teilweise) in Lautschrift. Begleit-CD separat erhältlich.

Richter, Renate: Lehrbuch der amharischen Sprache. Leipzig: Verlag Enzyklopädie 1987. Gutes Lehrbuch, allerdings wird das Lernen der Schrift vorausgesetzt. Vergriffen.

Foreign Service Institute: Amharic Basic Course, Units 1-50. Washington, D.C.: Department of State 1964. Als PDF im Internet verfügbar. Kommt ohne Schriftzeichen aus.

Dawit Berhanu: Wörterbuch Deutsch-Amharisch-Englisch. Hamburg: Buske 2011. Großes Wörterbuch, eher für Äthiopier gedacht.

REISETAGEBÜCHER – *Notizen von unterwegs*

Die **Reisetagebücher** haben 133 Seiten zur freien Gestaltung. Es gibt noch eine Packliste, eine Budgetliste und Adress-Seiten zum Ausfüllen. Und natürlich viel Nützliches für unterwegs. Sie sind liebevoll illustriert mit alten Stichen von Tieren, Pflanzen und Fortbewegungsmitteln aus aller Welt oder mit Mustern aus aller Welt. Aufgelockert mit Gedanken und Zitaten zum Thema Reisen.

Sie sind zuverlässige und verschwiegene **Gefährten auf Reisen**. Egal ob Wochenendausflug oder Langzeitreise, ob in den Bergen, am Strand oder in der Stadt. Zwei Journale für Fernweh und Wanderlust, Wichtiges und Unwichtiges, Schönes und Schwieriges ...

- Weltkarte
- Kontinente und Zeitzonen
- Immerwährender Kalender
- Reiseverzeichnis
- Sprachhilfe ohne Worte

160 Seiten | € 12 [D]
ISBN 978-3-8317-3020-9

160 Seiten | € 13,90 [D]
ISBN 978-3-8317-3120-6

Wörterliste Deutsch – Amharisch

Riesenlobelie (Schopfbaum)

In der Wörterliste werden alle Tätigkeitswörter in drei Formen angegeben: Grundform – 3. Person EZ („er“) Vergangenheit – 3. Person EZ („er“) Gegenwart, z.B. „verkaufen“: mäschät', schät'ä, yïschät'all *(= verkaufen, er verkaufte, er verkauft).*

A

Abend mata
Abendessen ïrat
aber gïn
Abkürzung ak'waratsch'
abwärts tattsch
Adresse adraschscha
Aids edïs
Alkohol alkol
also! ïngïdïh
Alte (Frau) arogit
Alter (Mann) schïmagïlle
Amharisch amarïña
Ananas ananas
Anfang mädschämmäriya
anfangen mädschämmär, dschämmärä, yïdschämmïrall
Angelegenheit nägär
Antibiotikum antïbayotïk
Antilope walïya
Apfelsine bïrtukan
Apotheke farmasi
Arbeit sïra
arbeiten mäsrat, särra, yïsarall
Arbeiter särratäña
Arm kïnd
Armreif ambar
Art aynät
Arzt hakim
Aschenbecher mätärkoscha
Aspirin asprin
Äthiopien ityop'iya
Äthiopier habäscha, ityop'iyawi
auf lay
aufpassen mätt'änk'äk', tät'änäkk'äk'ä, yïtt'änäk'äk'all
Auge ayn
ausfließen mäfsäs, fässäsä, yïfässall
Ausländer färändsch
außen wïttsch'
aussteigen mäwräd, wärrädä, yïwärdall
Aussteiger wäradsch
Ausweis mättawäk'iya
Auto mäkina
Autowerkstatt garadsch

B

Banane muz
Bart t'im
Batterie batri dïngay
Bauch hod
bauen mäsrat, särra, yïsärall
Bauer gäbäre
Baum zaf
befehlen mazäz, azzäzä, yazzall
Bein ïgïr
Beispiel mïssale
Benehmen huneta
Benzin bänzïn
bereitet werden mazzägadsch, azzägadschä, yazzägadschall
Berg tärara
Beruf muya
Besen mät'rägiya

besser sein mäschschal, täschalä, yïschschalall
besuchen mät'äyyäk', t'äyyäk'ä, yït'äyyïk'all
beten mäs'älläy, s'älläyä, yïs'ällïyall
Bett alga
betteln mälämmän, lämmänä, yïlämmïnal
Bettwäsche ansola
Beutel borsa
Bier (äthiop.) t'älla
billig rïkkasch
bis ïskä ... dïräs
bitte! (m/w) ïbakkïh/äbakkïsch
bleiben mäk'rät, k'ärrä, yïk'ärall
Blume abäba
Blut däm
bluten mädmat, dämma, yïdämall
Botschaft embasi
Bräutigam muschïrra
brechen mäsbär, säbbärä, yïsäbrall
Bremse fren
brennen mäkk'at'äl, täk'att'älä, yïkk'at'älall
Brief däbdabbe
Briefmarke tembïr
Brot dabbo
Brücke dïldïy
Bruder wändïmm
Brust t'ut
Büro biro
Bus awtobïs
Busbahnhof mänähariya
Butter k'ïbe

C

Cent santim
Christ krïstiyan
Creme krem

D

Dach t'ara
danach bähwala
danken mamäsgän, amäsäggänä, yamäsägänall
dann (also) tadïya
darüber wädïya
dauern mäk'oyyät, k'oyyä, yïk'oyall
denken massäb, assäbä, yassïball
deutsch dschärmän
Deutschland dschärmän agär
Dieb leba
dies yïh / yïhe;
nimm d. yïhäw
Diesel dizäl
Doktor doktär
Dolmetscher astärgwami
Dorf mändär
dort ïzziya
du (m/w) antä / antschi
Dunkelheit tsch'älläma
Durchfall k'ïzzän
Durst t'ïm
Dusche schawär

E

Ehe tïdar
Ehefrau mist
Ehepartner baläbet
Ei ïnk'ulal
Eigentümer bal
ein and
einfach källal
Eingang bärr
einladen mägobñät, gobäñä, yïgobäñall
Einschreiben rekomande
eintreten mägbat, gäbba, yïgäball
Elefant zïhon
eng t'äbbab
Enge schïbbïr
Englisch ïnglïzïña
entfernt ruk'
er / es ïssu
erbrechen mastawäk, astawwäkä, yastawkall
Erbse ïschät
erfordern mäfdschät, fäddschä, yïfädschall
erlauben mäfk'äd, fäkk'ädä, yïfäk'dall
ermüden mädkäm, däkkämä, yïdäkmall
erneuern mättaddäs, taddäsä, yïttaddäsall
Erntezeit mähär
erreichen mädräs, därräsä, yïdärsall
Ersatzteil mäläwawätsch'a
erscheinen mämsäl, mässälä, yïmäslall

erzählen männägaggär, tänägaggärä, yïnnägaggïrall
Esel ahïyya
essen mäblat, bälla,yïbälall
Essen mïgïb
Esstisch mad
Experte lik'

F

Faden kïrr
Fahrer nädschi
Fahrkarte tïket
Fahrt mähedscha
Familie betäsäb
fangen mäyaz, yazä, yïyïzall
Farbe k'äläm
Farm ïrscha
fehlen mät'fat, t'äffa, yïät'fall
Fehler t'ïfat', sïhïtät
Feind t'älat
Fell k'oda
Fenster mäskot
fertig sein därsowall
Fest bä'al
Feuer ïsat
Fieber tïkkusat
Fiedel masink'o
Film film
Fingerring k'äläbät
Fisch asa
Fladenbrot ïndschära
Flasche t'ärmus
Fleisch sïga
Flöte waschïnt
Flughafen erport
Flugzeug erplen, awroplan
Fluss wänz
folgen mäkkätäl, täkättälä, yïkkätälall
Formular form
Foto foto
fragen mät'äyyäk', t'äyyäk'ä, yït'äyyïk'all
Frau set
Freund gwaddäña
Frosch ïnk'urarit
früh maläda
Frühstück k'urs
führen masked, askedä, yaskedall
Führer märi
füllen mämulat, molla, yïmolall
für lä

G

Gabel schukka
Gangster schïfta
ganz hullum
Gast ïngïda
Gastfreundschaft ïngïdannät
Gastgeber gabadsch
Gastgeberschaft täk'äbayïnnät
geben mäst'ät, sätt'ä, yïsät'all
Gebirge tärara
geboren werden mäwwäläd, täwällädä, yïwwälädall
Gebüsch dur
Gedanke hassab
geduldig sein mättagäz, taggäsä, yïttagäsall
Gefahr adäga
Gegend akkababi, säfär
gehen mähed, hedä, yïhedall
Geld gänzäb
Gemüse atakïlt
genug bäkk'a
geradeaus k'ätt'ïta
Gesellschaft mahïbär
Gesicht fit
Gitarre krar
Gold wärk'
Gott ïgzer
Graubrot dïfo
groß tïllïk'
Großeltern ayat
Gürtel k'äbätto
gut (fein) mälkam; **(okay)** dähna

H

Hagel bärädo
Hals angät, gurorro
Halskette habïl
halten mäyaz, yazä, yïyïzall
Haltestelle mäk'omiya
Hand ïddsch
handeln mänäggäd, näggädä, yïnägdall
Händler näggade
Handtuch fot'a
Handwerker t'ïbäbäña
Harfe bägäna
Haus bet
Heirat särg

heiraten magbat, agäbba, yagäball
heiß tikkus
helfen märdat, rädda, yïrädall
Hemd kanatera
Herz lïbb
heute zare
hier ïzzih
Hilfe ïrdata
Himmel sämay
hin wädä
hinausgehen mäwt'at, wätt'a, yïwät'all
Hitze muk'ät
hören mäsmat, sämma, yïsämall
Hose surri
Hospital hospital
Hotel hotel
Huhn doro
Hund wïschscha
Hut barnet'a
Hyäne dschïb

I

ich ïne
ihr (MZ) ïnnantä
immer hulgize
Ingenieur mähandis
Insekt täbay

J

ja awo;
j.? abet?
Jahr amät
Jahreszeit wäk't
jener yañaw
jetzt ahun
Journalist gazetäña
junger Mann wätt'at

K

Kaffee bunna
Kalb t'ïdscha
kalt bïrd
kalt sein mäbräd, bärrädä, yïbärdall
Kälte bïrd
kaputtgehen mäbbälaschät, täbälaschschä, yïbbälaschall
Karotte karot
Karte kard
Kartoffel dïnnïttsch
Katze dïmmät
kaufen mägzat, gäzza, yïgäzall
Kaugummi mastika
Keks bïskut
Kerze schama
Kilo kilo
Kind lïdsch
Kiste sat'ïn
Kleidung lïbs
klein tïnnïsch
Kleingeld zïrzïr
klingeln mädäwwäl, däwwälä, yïdäwwïlall
Knie gulbät
Knoblauch nättsch' schïnkurt
Knochen at'ïnt
kochen mäbsäl, bässälä, yïbäslall
Koffer schant'a
komm! (m/w) na / näi
kommen mämt'at, mätt'a, yïmät'all
können mätschal, tschalä, yïtschïlall
Kopf ras
Kopfkissen tïras
Kopfschmerzen ras mïtat
Korbtisch mäsob
Körper säwïnnät
korrekt tïkïkkïl
krank sein mättamäm, tammämä, yïttamämall
Krankheit bäschschïta, hïmäm
Kreuz mäsk'äl
Kreuzung mäsk'äläña
Kuchen kek
Kühler(wasser) yämotär mak'äzk'äja (wïha)
Kugelschreiber bï'ïr
Kuh lam
Kunde dämbäña

L

lachen mäsak', sak'ä, yïsïk'all
Laden suk'
Lampe mäbrat
Land agär/gät'är
langsam k'äss k'äss
Lappen tsch'ärk'
lass! (m/w) täw / täy
lassen mätäw, täwä, yïtäwall

laufen märot', rot'ä, yïrot'all
leben mänor, norä, yïnorall
Leber gubbät
leer bado
Lehrer astämari
Leopard anär
Leute säwottsch
lieben mäwdäd, wäddädä, yïwäddall
Limonade läslassa
Limone lomi
links gra
Linsenbrei schïrro
Lippen känfär
Löffel mankiya
Löwe ambässa
Luft ayyär
Lüge wïschschät
Lügner wïschschätam
Lunge samba

M

machen madräg, adärrägä, yadärgall
Mädchen lïdschagäräd
Mandarine mandarin
Mango mango
männlich wänd
Markt gäbäya
Marmelade marmälata
Matratze fïrasch
Maus ayt'
Mechaniker mäkanik
Medikament mädhanit
Mehl duk'ät
Menü mïnu
Messer billa
Met t'äddsch
mieten mäkkärayät, täkärayyä, yïkkärayall
Milch wätät
Minute dek'ïk'a
mit gar
Mittagessen mïsa
Mitte mähal
Monat wär
Mond tsch'äräk'a
morgen nägä
Morgen t'wat
Mücke bimbi
Muli bäk'lo
Mund af
Mutter ïnnat

N

na! tadïya
nach bästä
Nachbar goräbet
Nacht lelit
Nadel märfe
nahe k'ïrb
nähen masfat, säffa, yïsäfall
Name sïm
Nase afintsch'a
nehmen mäwsäd, wässädä, yïwäsdall
nein ay
Nettigkeit tschärïnnät
neu addis
nicht: n. da sein yälläm;
n. sein alämähon, aydälläm, yïhonall
nichts mïnïm
Nilpferd gumarre
nimm! ïnka
noch gäna;
n. einmal ïndägäna
nötig asfällagi;
n. sein masfälläg, asfällägä, yasfällïgall
nur bïttscha

O

Obst firafre
Ochse bäre
oder wäyïm;
o.? wäy?
ohne yalä
Ohr dschoro
okay ïschschi
Öl zäyt, nug
Omelette omälät
Onkel agot
ordentlich bädämb
Ordnung dämb
Ort bota

P

Paket paket
Papaya papaya
Papier wäräk'ät
Parkplatz mäkina mäk'omiya säfra, parking
Pass pasport
Person säw
Pfeffer bärbärre
Pfefferschote k'ariya
Pferd färäs
Pfirsich kok
Pflaster plastär

platzen mäfändat, fänädda, yïfändall
Polizei polis
Post postabet
Preis waga
Preisnachlass k'ïnnasch
Priester k'es
Problem tschïggïr
putzen mas'dat, as'ädda, yas'ädall

R

Rast ïräft
Ratte ayt'ä mogät'
Rauch tsch'is
Raum kïfïl
Rechnung hisab
rechts k'äñ
Regen zïnab
Regenzeit krämt
regnen mäznäb, zännäbä, yïzänball
Reifen gomma
Reifendienst gommista
Reis ruz
Reise guzo
reisen mäggwaz, tägwazä, yïggwazall
richtig lïkk
Rohr bwambwa
rot k'äyy
Rücken dschärba
rufen mät'rat, tä'rra, yït'ärall
Ruhe räft, s'ätt'ïta

S

Sachen ïk'a
Saft t'schïmmak'i
sagen malät, alä, yïlall
Salat sälat'a
Salbe k'ïbat
Salz tsch'äw
salzig tsch'äwamma
Sandwich sändwitsch
Sänger zäfañ
sauber nïs'uh
Sauberkeit s'ïdat
Schädel tsch'ïnk'ïllat
Schaf bäg
Schatten t'ïla
Scheck tschek
schieben mägfat, gäffa, yïgäfall
schlafen mätäñat, täña, yïtäñall
Schlange ïbab
schlecht mät'fo
schließen mäzgat, zägga, yïzägall
Schlüssel k'ulf
schmackhaft t'afatsch'
Schmetterling birrabirro
Schmuck get'aget'
Schmutz k'oschascha
schneiden mäk'urät', k'orrät'ä, yïk'ort'all
schnell tolo
Schnitt k'urt'at
schön k'ondscho
schreiben mäs'af, s'afä, yïs'ïfall
Schreiber s'ähafi
Schrift s'ïfät
Schuh tsch'amma
Schüler tämari
Schüssel sahïn
schwanger ärguz
schwarz t'ïk'ur
Schwellung ïbt'ät
Schwester ïhït
See hayk'
sehen mayät, ayyä, yayall
sehr bät'am
Seife samuna
seitens bäkkul
senden mälak, lakä, yïlïkall
setzen mask'ämmät', ask'ämmät'ä, yask'ämmït'all;
sich s. mäkk'ämmät', täk'ämmät'ä, yïkk'ämmät'all
sie (w) ïsswa;
(MZ) ïnnässu;
Sie ïrswo
Silber bïrr
sitzen k'uttsch' malät, k'uttsch' alä, k'uttsch' yïlall
so ïndäzzih
Sonne s'ähay
Soße wät'
Sport ïsport
Spritze märfe
Stadt kätäma
Starker hayläña
Station t'abiya
stechen mäwgat, wägga, yïwägall
stehen mäk'om, k'omä, yïk'omall
Stein dïngay
Steinbock ñala
Stern kokäb

Wörterliste Deutsch – Amharisch

Strauß (Vogel) sägwän
Stuhl wämbär
Stunde sä'at

T

Tabletten kinin
Tag k'än
Tante akïst
Tanzlied zäfän
tanzen mädännäs, dännäsä, yïdännïsall
Taschenlampe batri
Tasse sïni
Tausch läwt'
Tee schay
Telefon sïlk
Telegramm telegram
Teller sahïn
Teppich mïnt'af
teuer wïdd
Ticket tiket
Tier ïnsïsa
Tisch t'äräpp'eza
Tod mut
Toilettenpapier soft
Tomate timatim
Topf dïst
total fiss'um
Tourist turist
treffen mägganañät, täganañä, yïgganañall
trinken mät'ätt'at, t'ätt'a, yït'ätt'all
Trinkglas bïrtsch'ïkk'o
trocken däräk'
Trockenfleisch k'want'a
Trockenheit dïrk'
Trockenzeit bäga
trocknen mädräk', därräk'ä, yïdärk'all
Trommel käbäro
Tropfen t'äbbïta
tüchtig gobez
tun madräg, adärrägä, yadärgall

U

Uhr sä'at
umkehren mämmäläs, tämälläsä, yïmmäläsall
Umschlag anvolop
unbedingt gïdd
und ïnna
ungefähr yahïl
unterhalten, sich mättsch'awät, tätsch'awwätä, yïttsch'awätall
unterschreiben mäfäräm, färrämä, yïfärrïmall
Unterschrift firma
Urin schïnt
urinieren mäschäñät, schäñä, yïschäñall

V

Vater abbat
Verband fascha
verboten kïlkïl;
v. sein makkälkäl, täkäläkkälä, yïkkäläkkälall
Vereinigung mahïbär
verirren mässasat, täsasasä, yïssasïsall
verkaufen mäschät', schätt'ä, yïschät'all
Verkehr trafik
Verpflichtung gïddeta
verzeihen yïk'ïrta madräg, adärrägä, yadärgall
Verzeihung yïk'ïrta
Vieh käbt
viel bïzu
Vogel wäf
voll mulu
Vorsitzender lïk'ä mämbär

W

Wächter zäbäña
Wahrheit ïwïnät
wann mätsche
war (Vergang.) näbbärä
warm sein mämok', mok'ä, yïmok'all
warten mät'äbbäk', t'äbbäk'ä, yït'äbbïk'all
was? mïn?, mïndïn?
waschen mat'äb, att'äbä, yat'ball;
sich w. mättat'äb, tatt'äbä, yïttatt'äball
Waschraum mättat'äbiya
Wasser wïha
wechseln mäläwwät', läwwät'ä, yïläwt'all
Weg mängäd
wegen sïlä

wegwerfen mät'al, t'alä, yït'ïlall
Wein vino;
(äthiop.) wäyn t'äddsch
weiß nättsch'
Weizen sïnde
Welt aläm
wer? man?
werden mähon, honä, yïhonall
wichtig käff yalä
wichtigster wannaw
wie indä;
w.? ïndet?, ïndämïn?;
w. viel? sïnt?
wieder ïndägäna
wiederholen mädgäm, däggämä, yïdägmall
Wiese meda
Wille fïllagot
Wind näfas
wir ïña
wissen mawäk', awwäk'ä, yawk'all;
weiß nicht ïndscha
Witzbold k'äldäña
wo? yet?
Woche sammïnt
wohnen mänor, norä, yïnorall
Wolke dammäna
wollen mäfälläg, fällägä, yïfällïgall
Wort k'al
Wunde k'usäl
Wunder dïnk'
Wunsch mïñot
Wüste bäräha

Z

Zahl k'ut'ïr
zahlen mäkfäl, käffälä, yïkäflall
Zahn t'ïrs
Zahnarzt yät'ïrs hakim
Zahnstocher mäfak'iya
zeigen masayyät, asayyä, yasayyall
Zeit gize
Zeitung gazet'a
zerbrechen mässäbär, täsäbbärä, yïssäbbärall
Ziege fiyyäl
ziehen mägotät, gottätä, yïgotïtall
Zigarette sidschara
Zucker sïkkwar
Zug babur
Zündhölzer kïbrit
zusammen abrän
Zweig k'ïrïntsch'af
Zwiebel k'äyy schïnkurt

Wörterliste Amharisch – Deutsch

A / Ä

abäba Blume
abbat Vater
abet? ja?
abrän (wir) zusammen
adäga Gefahr
addis neu
adraschscha Adresse
af Mund
afintsch'a Nase
agär Land
agot Onkel
ahïyya Esel
ahun jetzt
akïst Tante
akkababi Gegend
ak'waratsch' Abkürzung
aläm Welt
alämahon, aydälläm, yïhonall nicht sein
alga Bett
alkol Alkohol
amariña Amharisch
amät Jahr
ambar Armreif
ambässa Löwe
ananas Ananas
anär Leopard
and ein
angät Hals
ansola Bettwäsche
antä du (m)
antïbayotïk Antibiotikum
antschi du (w)
anvolop Umschlag
arogit Alte (Frau)
asa Fisch
asfällagi nötig
asprin Aspirin
astämari Lehrer
astärgwami Dolmetscher
atakïlt Gemüse
at'ïnt Knochen
awo ja
awroplan Flugzeug
awtobïs Bus
ay nein!
ayat Großeltern
aydälläm ist nicht
ayn Auge
aynät Art
ayt' Maus
ayt'ä mogät' Ratte
ayyär Luft
äbakkïsch bitte! (w)
ärguz schwanger

B

babur Zug
bado leer
bal Eigentümer
baläbet Ehepartner
bank Bank
barnet'a Hut
batri Taschenlampe;
b. dïngay Batterie
bä'al Fest
bädämb ordentlich
bäg Schaf
bäga Trockenzeit
bägäna Harfe
bähwala danach
bäkk'a genug
bäkkul seitens
bäk'lo Muli
bänzïn Benzin
bärädo Hagel
bäräha Wüste
bärbärre Pfeffer
bäre Ochse
bärr Eingang
bäschschïta Krankheit
bästä nach
bät'am sehr
bet Haus
betäsäb Familie
billa Messer
bimbi Mücke
bïrd kalt, Kälte
bï'ïr Kugelschreiber
biro Büro
bïrr Silber
birrabirro Schmetterling
bïrtsch'ïkk'o Trinkglas
bïrtukan Apfelsine
bïskut Keks
bïttscha nur
bïzu viel
borsa Beutel
bota Ort, Platz
bunna Kaffee
bwambwa Rohr

D

dabbo Brot
dammäna Wolke
däbdabbe Brief
dähna gut, okay
däm Blut
dämb Ordnung
dämbäña Kunde
däräk' trocken
därsowall fertig sein
dek'ïk'a Minute
dizäl Diesel
dïfo Graubrot
dïldïy Brücke

dïmmät Katze
dïngay Stein
dïnk' Wunder
dïnnïttsch Kartoffel
dïrk' Trockenheit
dïst Topf
doktär Doktor
doro Huhn
dschärba Rücken
dschärmän deutsch;
dsch. agär Deutschland
dschïb Hyäne
dschoro Ohr
duk'ät Mehl
dur Gebüsch

E

edïs Aids
embasi Botschaft
erplen Flugzeug
erport Flughafen

F

farmasi Apotheke
fascha Verband
färändsch Ausländer
färäs Pferd
film Film
firma Unterschrift
fit Gesicht
fïllagot Wille, Absicht
fïrafre Obst
fïrasch Matratze
fiss'um total
fiyyäl Ziege
form Formular
foto Foto
fot'a Handtuch
fren Bremse

G

gabadsch Gastgeber
gar mit
garadsch Autowerkstatt
gaschsche mein Herr!
gazet'a Zeitung
gazetäña Journalist
gäbäre Bauer
gäbäya Markt
gäna noch
gänzäb Geld
gät'är Land
get'aget' Schmuck
gize Zeit
gïdd unbedingt
gïddeta Verpflichtung
gïn aber
gobez tüchtig
gomma Reifen
gommista Reifendienst
goräbet Nachbar
gra links
gubbät Leber
gulbät Knie
gumarre Nilpferd
guntsch' Wange
gurorro Hals
guzo Reise
gwaddäña Freund

H

habäscha Äthiopier
habïl Halskette
hakim Arzt;
yät'ïrs h. Zahnarzt
halo hallo
hassab Gedanke
hayk' See
hayläña Starker
hisab Rechnung
hïmäm Krankheit
hod Bauch
hospital Hospital
hotel Hotel
hulgize immer
hullum ganz
huneta Benehmen

I

indä wie
inde! wie!
ityop'iya Äthiopien
ityop'iyawi Äthiopier

Ï

ïbab Schlange
ïbakkïh bitte! (m)
ïbt'ät Schwellung
ïddsch Hand
ïgïr Bein
ïgzer Gott
ïhïl Getreide
ïhït Schwester
ïk'a Sachen
ïndägäna noch einmal, wieder
ïndämïn? wie?
ïndäzzih so
ïndet? wie?
ïndscha weiß nicht

Wörterliste Amharisch – Deutsch

ïndschära Fladenbrot
ïne ich
ïngïda Gast
ïngïdannät Gastfreundschaft
ïngïdïh also!
ïnglïzïña Englisch
ïnka nimm!
ïnk'ulal Ei
ïnk'urarit Frosch
ïnna und
ïnnantä ihr (MZ)
ïnnat Mutter
ïnnässu sie (MZ)
ïnsïsa Tier
ïña wir
ïrat Abendessen
ïräft Rast
ïrdata Hilfe
ïrscha Farm
ïrswo Sie
ïsat Feuer
ïschät Erbse
ïschschi okay
ïskä ... dïräs bis
ïsport Sport
ïssu er, es
ïsswa sie (w)
ïwïnät Wahrheit
ïzzih hier
ïzziya dort

K

kanatera Hemd
kard Karte
karot Karotte
käbäro Trommel
käbt Vieh
käff yalä wichtig
källal einfach
känfär Lippen
kätäma Stadt
kek Kuchen
kilo Kilo
kinin Tabletten
kïbrit Zündhölzer
kïfïl Raum
kïlkïl verboten
kïnd Arm
kïrr Faden
kok Pfirsich
kokäb Stern
krar Gitarre
krämt Regenzeit
krem Creme
krïstiyan Christ

K'

k'al Wort
k'ariya Pfefferschote
k'äbätto Gürtel
k'äläbät Fingerring
k'äläm Farbe
k'äldäña Witzbold
k'än Tag
k'äñ rechts
k'äss k'äss langsam
k'ätsch'ïne Giraffe
k'ätt'ïta geradeaus
k'äyy rot
k'es Priester
k'ïbat Salbe
k'ïbe Butter
k'ïmäm Gewürz
k'ïnnasch Preisnachlass
k'ïrb nahe
k'ïrïntsch'af Zweig
k'ïzzän Durchfall
k'oda Fell, Tierhaut
k'ondscho schön
k'oschascha Schmutz
k'ulf Schlüssel
k'urs Frühstück
k'urt'at Schnitt
k'usäl Wunde
k'ut'ïr Zahl
k'uttsch' malät, k'. alä, k'. yïlall sitzen
k'want'a Trockenfleisch

L

lam Kuh
lay auf
lä für
läslassa Limonade
läwt' Tausch
leba Dieb
lelit Nacht
lik' Experte
lïbb Herz
lïbs Kleidung
lïdsch Kind
lïdschagäräd Mädchen
lïkk richtig
lïk'ä mämbär Vorsitzender
lomi Limone

M

mad Esstisch
madräg, adärrägä, yadärgall machen, tun
magbat, agäbba, yagäball heiraten

makkälkäl, täkäläkkälä, yïkkäläkkälall verboten sein
maläda früh
malät, alä, yïlall sagen
mamäsgän, amäsäggänä, yamäsägänall danken
man? wer?
mandarin Mandarine
mankiya Löffel
marmälata Marmelade
marsch Getriebe
masayyät, asayyä, yasayyall zeigen
masfälläg, asfällägä, yasfällïgall nötig sein
masfat, säffa, yïsäfall nähen
masink'o Fiedel
masked, askedä, yaskedall führen
mask'ämmät', ask'ämmät'ä, yask'ämmït'all setzen
massäb, assäbä, yassïball denken
mastawäk, astawwäkä, yastawkall erbrechen
mastika Kaugummi
mas'dat, as'ädda, yas'ädall putzen
mata Abend
mat'äb, att'äbä, yat'ball waschen
mawäk', awwäk'ä, yawk'all wissen
mayät, ayyä, yayall sehen
mazäz, azzäzä, yazzall befehlen
mazzägadsch, azzägadschä, yazzägadschall bereitet werden
mäbbälaschät, täbälaschschä, yïbbälaschall kaputtgehen
mäblat, bälla, yïbälall essen
mäbrat Lampe
mäbräd, bärrädä, yïbärdall kalt sein
mäbsäl, bässälä, yïbäslall kochen
mädännäs, dännäsä, yidännïsall tanzen
mädäwwäl, däwwälä, yidäwwïlall klingeln
mädgäm, däggämä, yidägmall wiederholen
mädhanit Medikament
mädkäm, däkkämä, yidäkmall ermüden
mädmat, dämma, yidämall bluten
mädräk', därräk'ä, yidärk'all trocknen
mädräs, därräsä, yidärsall erreichen
mädschämmär, dschämmärä, yidschämmïrall anfangen
mädschämmäriya Anfang
mäfak'iya Zahnstocher
mäfälläg, fällägä, yïfällïgall wollen
mäfändat, fänädda, yïfändall platzen
mäfäräm, färrämä, yïfärrïmall unterschreiben
mäfdschät, fäddschä, yïfädschall erfordern
mäfk'äd, fäkk'ädä, yïfäk'dall erlauben
mäfsäs, fässäsä, yïfässall ausfließen
mägbat, gäbba, yïgäball eintreten
mägfat, gäffa, yïgäfall schieben
mägganañät, tägänañä, yïggänañall treffen
mäggwaz, tägwazä, yïggwazall reisen
mägobñät, gobäñä, yïgobäñall einladen
mägotät, gottätä, yïgotïtall ziehen
mägzat, gäzza, yïgäzall kaufen
mähal Mitte
mähandis Ingenieur
mähär Erntezeit
mähed, hedä, yïhedall gehen
mähedscha Fahrt
mahïbär Gesellschaft, Vereinigung
mähon, honä, yïhonall werden
mäkanik Mechaniker
mäkfäl, käffälä, yïkäflall zahlen
mäkina Auto

mäkkärayät, täkärayyä, yïkkärayall mieten
mäkkätäl, täkättälä, yïkkätälall folgen
mäkk'at'äl, täk'att'älä, yïkk'at'älall brennen
mäkk'ämmät', täk'ämmät'ä, yïkk'ämmät'all sich setzen
mak'äzk'äja: yämotär m. Kühler
mäk'om, k'omä, yïk'omall stehen
mäk'omiya Haltestelle; **mäkina m.** Parkplatz
mäk'oyyät, k'oyyä, yïk'oyall dauern, warten
mäk'rät, k'ärrä, yïk'ärall bleiben
mäk'urät', k'orrät'ä, yïk'ort'all schneiden
mälak, lakä, yïlïkall senden
mälämmän, lämmänä, yïlämmïnal betteln
mäläwawätsch'a Ersatzteil
mäläwwät', läwwät'ä, yïläwt'all wechseln
mälkam gut, fein
mämmäläs, tämälläsä, yïmmäläsall umkehren
mämok', mok'ä, yïmok'all warm sein
mämsäl, mässälä, yïmäslall erscheinen
mämt'at, mätt'a, yïmät'all kommen
mämulat, molla, yïmolall füllen
mänäggäd, näggädä, yïnägdall handeln
mänähariya Busbahnhof
mändär Dorf
mängäd Weg
männägaggär, tänägaggärä, yïnnägaggïrall erzählen
mänor, norä, yïnorall wohnen, leben
märdat, rädda, yïrädall helfen
märfe Nadel, Spritze
märi Führer
märot', rot'ä, yïrot'all laufen
märz Gift
mäsak', sak'ä, yïsïk'all lachen
mäsbär, säbbärä, yïsäbrall brechen
mäschäñät, schäñä yïschäñall urinieren
mäschät', schätt'ä, yïschät'all verkaufen
mäschschal, täschalä, yïschschalall besser sein
mäsk'äl Kreuz
mäsk'äläña Kreuzung
mäskot Fenster
mäsmat, sämma, yïsämall hören, fühlen
mäsob Korbtisch
mäsrat, särra, yïsarall arbeiten, bauen
mässasat, täsasasä, yïssasatall sich irren
mässäbär, täsäbbärä, yïssäbbärall zerbrechen
mäst'ät, sätt'ä, yïsät'all geben
mäs'af, s'afä, yïs'ïfall schreiben
mäs'älläy, s'älläyä, yïs'ällïyall beten
mätäñat, täña, yïtäñall schlafen
mätärkoscha Aschenbecher
mätäw, täwä, yïtäwall lassen
mätschal, tschalä, yïtschïlall können
mätsche wann
mättaddäs, taddäsä, yïttaddäsall erneuern
mättagäs, taggäsä, yïttagäsall geduldig sein
mättamäm, tammämä, yïttamämall krank sein
mättat'äb, tatt'äbä, yïttatt'äball sich waschen
mättat'äbiya Waschraum
mättawäk'iya Ausweis
mättsch'awät, tätsch'awwätä, yïttsch'awätall sich unterhalten
mätt'änk'äk', tät'änäkk'äk'ä, yïtt'änäk'äk'all aufpassen

mät'al, t'alä, yït'ïlall wegwerfen
mät'äbbäk', t'äbbäk'ä, yït'äbbïk'all warten, aufpassen
mat'äbiya: eit m. Waschgelegenheit
mät'ätt' Getränk
mät'ätt'at, t'ätt'a, yït'ätt'all trinken
mät'äyyäk', t'äyyäk'ä, yït'äyyïk'all fragen
mät'fat, t'äffa, yïät'fall fehlen
mät'fo schlecht
mät'rat, tä'rra, yït'ärall rufen
mät'rägiya Besen
mäwdäd, wäddädä, yïwäddall lieben
mäwgat, wägga, yïwägall stechen
mäwräd, wärrädä, yïwärdall aussteigen
mäwsäd, wässädä, yïwäsdall nehmen
mäwt'at, wätt'a, yïwät'all hinausgehen
mäwwäläd, täwällädä, yïwwällädall geboren werden
mäyaz, yazä, yïyïzall halten, fangen
mäzgat, zägga, yïzägall schließen
mäznäb, zännäbä, yïzänball regnen
meda Wiese
mist Ehefrau
mit'mit'a Gewürz (scharf)
migïb Essen
mïn?, mïndïn? was?
mïnïm nichts
mïnt'af Teppich
mïnu Menü
mïñot Wunsch
mïsa Mittagessen
mïssale Beispiel
muk'ät Hitze
mulu voll
muschïrra Bräutigam
mut Tod
muya Beruf
muz Banane

N / Ñ

na komm! (m)
näbbärä war
nädschi Fahrer
näfas Wind
nägä morgen
nägär Angelegenheit
näggade Händler
näi komm! (w)
nättsch' weiß
nïs'uh sauber
nug Öl
ñala Steinbock

O / P

omälät Omelette
paket Paket
papaya Papaya
parking Parkplatz
pasport Pass
plastär Pflaster
polis Polizei
postabet Post

R

ras Kopf;
r. mïtat Kopfschmerzen
räft Ruhe
rekomande Einschreiben
rïkkasch billig
ruk' entfernt
ruz Reis

S

sahïn Teller, Schüssel
samba Lunge
sammïnt Woche
samuna Seife
santim Cent
sat'ïn Kiste
sä'at Stunde, Uhr
säfär Gegend
säfra Parkplatz
sägwän Strauß (Vogel)
sälat'a Salat
sämay Himmel
sändwitsch Sandwich
särg Heirat
särratäña Arbeiter
säw Person;
säwottsch Leute
säwïnnät Körper
schama Kerze
schant'a Koffer
schawär Dusche
schay Tee
schïbbïr Enge
schïfta Gangster
schïmagïlle Alter (Mann)

schĭnkurt: k'äyy sch. Zwiebel; **nättsch' sch.** Knoblauch
schĭnt Urin
schĭrro Linsenbrei
schukka Gabel
set Frau
sidschara Zigaretten
sĭga Fleisch
sĭhĭtät Fehler
sĭkkwar Zucker
sĭlä wegen
sĭlk Telefon
sĭm Name
sĭnde Weizen
sĭni Tasse
sĭnt? wie viel?
sĭra Arbeit
soft Toilettenpapier
suk' Laden
surri Hose

S'

s'ähafi Schreiber
s'ähay Sonne
s'ätt'ĭta Ruhe
s'ĭdat Sauberkeit
s'ĭfät Schrift

T (Tsch, Tsch')

tadĭya na!, dann, also!
tattsch abwärts
täbay Insekt
täk'äbayĭnnät Gastgeberschaft
tämari Schüler
tärara Gebirge, Berg
täw lass! (m)
täy lass! (w)
telegram Telegramm
tembĭr Briefmarke
tiket Ticket, Fahrkarte
timatim Tomate
tĭdar Ehe
tĭkĭkkĭl korrekt
tĭkkus heiß, warm
tĭkkusat Fieber
tĭllĭk' groß
tĭnant gestern
tĭnnĭsch klein
tĭras Kopfkissen
tolo schnell
trafik Verkehr
tschärĭnnät Nettigkeit
tschek Scheck
tschĭggĭr Probleme
tsch'amma Schuh
tsch'älläma Dunkelheit
tsch'äräk'a Mond
tsch'ärk' Lappen
tsch'äw Salz
tsch'äwamma salzig
tsch'ĭnk'ĭllat Schädel
tsch'is Rauch
turist Tourist

T'

t'abiya Station
t'afatsch' schmackhaft
t'ara Dach
t'äbbab eng
t'äbbĭta Tropfen
t'äddsch Met; **wäyn t'.** Wein (äthiop.)
t'älat Feind
t'älla Bier (äthiop.)
t'äräpp'eza Tisch
t'ärmus Flasche
t'ena Gesundheit
t'im Bart
t'ĭbäbäña Handwerker
t'ĭdscha Kalb
t'ĭfat' Fehler
t'ĭk'ur schwarz
t'ĭla Schatten
t'ĭm Durst
t'ĭrs Zahn
t'ĭru gut, klar
t'schĭmmak'i Saft
t'ut Brust
t'wat Morgen

V / W

vino Wein
waga Preis
walĭya Antilope
wannaw wichtigster
waschĭnt Flöte
wädä hin, zu, nach
wädĭya darüber
wäf Vogel
wäk't Jahreszeit
wämbär Stuhl
wänd männlich
wändĭmm Bruder
wänz Fluss
wär Monat
wäräk'ät Papier
wärk' Gold
wät' Soße
wätät Milch
wätt'at junger Mann
wäy? oder?
wäyĭm oder

wïdd teuer
wïha Wasser
wïschscha Hund
wïschschät Lüge
wïschschätam Lügner
wïttsch' außen

Y

yahïl ungefähr
yalä ohne
yañaw (nimm) jenes
yälläm nicht da sein
yet? wo?
yïh dies
yïhäw (nimm) dies
yïhe dies (siehe da!)

yïk'ïrta Verzeihung;
y. madräg,
y. adärrägä,
y. yadärgall
verzeihen

Z

zaf Baum
zare heute
zäbäña Wächter
zäfän Tanzlied
zäfañ Sänger
zäyt Öl
zïhon Elefant
zïnab Regen
zïrzïr Kleingeld

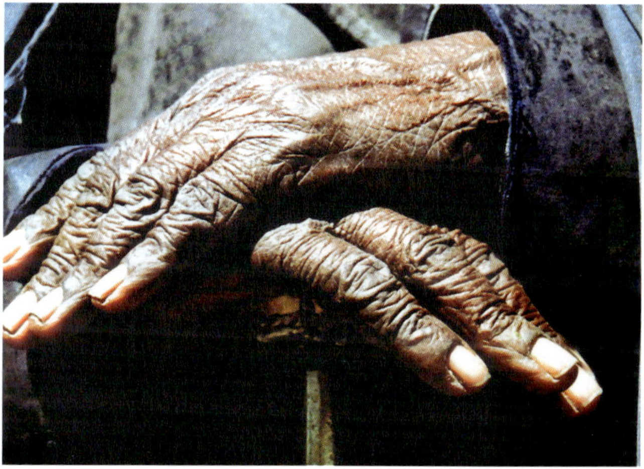

Hände, von den Zeiten gezeichnet

Der Autor

Micha Wedekind ist 1963 in Freiburg geboren, verbrachte seine ersten Jahre im Schwarzwald und in Hannover, wuchs aber seit 1969 in mehreren afrikanischen Ländern auf. Die ersten Freundschaften mit Äthiopiern schloss er als Schüler der Deutschen Schule in Addis Abeba, wo er von 1973 bis 1983 wohnte. Seine Ausbildung als Ethnologe, mit Studienaufenthalten in Zentraläthiopien und Dar-es-Salaam, schloss er in Mainz ab. Zwischen 1995 und 2000 war Micha für das Internationale Komitee des Roten Kreuzes in Äthiopien tätig -- diesmal begleitet von seiner Frau Carola und seinen zwei Söhnen.